Der komplexe Satz

LinguS 13

LINGUISTIK UND SCHULE
Von der Sprachtheorie zur Unterrichtspraxis

Herausgegeben von
Sandra Döring und Peter Gallmann

Maria Averintseva-Klisch / Steffen Froemel

Der komplexe Satz

Bibliografische Information der Deutschen Nationalbibliothek
Die Deutsche Nationalbibliothek verzeichnet diese Publikation in der Deutschen Nationalbibliografie; detaillierte bibliografische Daten sind im Internet über http://dnb.dnb.de abrufbar.

DOI: https://doi.org/10.24053/9783823392224

© 2022 · Narr Francke Attempto Verlag GmbH + Co. KG
Dischingerweg 5 · D-72070 Tübingen

Das Werk einschließlich aller seiner Teile ist urheberrechtlich geschützt. Jede Verwertung außerhalb der engen Grenzen des Urheberrechtsgesetzes ist ohne Zustimmung des Verlages unzulässig und strafbar. Das gilt insbesondere für Vervielfältigungen, Übersetzungen, Mikroverfilmungen und die Einspeicherung und Verarbeitung in elektronischen Systemen.

Alle Informationen in diesem Buch wurden mit großer Sorgfalt erstellt. Fehler können dennoch nicht völlig ausgeschlossen werden. Weder Verlag noch Autor:innen oder Herausgeber:innen übernehmen deshalb eine Gewährleistung für die Korrektheit des Inhaltes und haften nicht für fehlerhafte Angaben und deren Folgen. Diese Publikation enthält gegebenenfalls Links zu externen Inhalten Dritter, auf die weder Verlag noch Autor:innen oder Herausgeber:innen Einfluss haben. Für die Inhalte der verlinkten Seiten sind stets die jeweiligen Anbieter oder Betreibenden der Seiten verantwortlich.

Internet: www.narr.de
eMail: info@narr.de

CPI books GmbH, Leck

ISSN 2566-8293
ISBN 978-3-8233-8222-5 (Print)
ISBN 978-3-8233-9222-4 (ePDF)
ISBN 978-3-8233-0363-3 (ePub)

Inhalt

Einleitung 7

1 Aufbau komplexer Sätze – Grundbegriffe und Modelle 11
   1.1 Begriffliche Differenzierungen 13
      1.1.1 Satzgefüge. Hauptsatz vs. Nebensatz 13
      1.1.2 Satzreihe 18
   1.2 Beschreibungsmodelle komplexer Sätze 20
      1.2.1 Linguistische Modelle: hierarchische, funktionale und lineare Modelle 20
      1.2.2 Didaktische Modelle 29
      1.2.3 Synthese: PSM 35
   1.3 Zusammenfassung und Literaturhinweise 39
   1.4 Aufgaben 40

2 Satzgefüge – prototypische und periphere Nebensätze 41
   2.1 Form der Nebensätze 43
   2.2 Funktion der Nebensätze 47
   2.3 Stellung der Nebensätze 50
   2.4 Zwischenfazit 54
   2.5 Satzgefüge und Interpunktion 56
   2.6 Funktional-stilistische Aspekte 59
   2.7 Zusammenfassung und Literaturhinweise 60
   2.8 Aufgaben 62

3 Satzgefüge – ein funktional orientierter Unterrichtszugang 63
   3.1 Satzgefüge als Lerngegenstand 65
   3.2 Struktur von Gliedsätzen 66
   3.3 Struktur von Attributsätzen 72
   3.4 Einbettungsstruktur von Satzgefügen und Interpunktion 74
   3.5 Differenzierung von Nebensätzen nach Form und Funktion ... 78
   3.6 Zusammenfassung und Literaturhinweise 84
   3.7 Aufgaben 87

4	Satzreihe – prototypische und periphere Verbindungen	89
	4.1 Formale Aspekte	89
	4.2 Interpunktion bei der Satzkoordination	98
	4.3 Funktional-stilistische Aspekte der Koordination	101
	4.4 Hinweise für den Unterricht	102
	4.5 Zusammenfassung und Literaturhinweise	107
	4.6 Aufgaben	108
5	Satzwertige infinite Konstruktionen	109
	5.1 Infinitivkonstruktionen	109
	5.1.1 Infinitive: Hinweise für den Unterricht	116
	5.2 Partizipialkonstruktionen	117
	5.2.1 Partizipialkonstruktionen: Hinweise für den Unterricht	118
	5.3 Zusammenfassung und Literaturhinweise	121
	5.4 Aufgaben	122
6	Parenthesen	123
	6.1 Formen und Funktionen der Parenthese	127
	6.1.1 Sätze als Parenthese	128
	6.1.2 Satzglieder als Parenthese	130
	6.1.3 Parenthese und indirekte Rede	131
	6.1.4 Funktionen der Parenthesen	132
	6.2 Zeichensetzung bei Parenthesen	133
	6.3 Zusammenfassung und Literaturhinweise	134
	6.4 Aufgaben …"	135
7	Fazit	137
Textbeispiele		139
Glossar		141
Lösungsvorschläge zu den Aufgaben		143
Literaturverzeichnis		155

Einleitung

Es stand nicht von Anfang an fest, dass es diesen Band geben wird. Nach der ersten Planung sollten die beiden traditionell wichtigsten linguistischen Einheiten, das Wort und der einfache Satz, unbedingt fokussiert werden. Theoretisch-linguistisch gesehen sind das Wort und der einfache Satz grammatische Einheiten mit unterschiedlichen Aufbauregularitäten, wobei beide zentral für das Verständnis der Grammatik sind. Ein komplexer Satz ist demgegenüber viel weniger spannend, denn hier wirkt lediglich das *Rekursivitätsprinzip* der Sprache: Eine nach bestimmtem Muster aufgebaute sprachliche Einheit kann theoretisch beliebig oft wiederholt werden (in Wilhelm von Humboldts Worten macht die Sprache dadurch „von endlichen Mitteln unendlichen Gebrauch"). So kann bei der Komposition als Wortbildungsverfahren ein Wort mit einem anderen kombiniert werden, das Ergebnis wieder mit einem weiteren Wort usw., vgl. *Virus + Abwehr → Virusabwehr + Mechanismus → Virusabwehrmechanismus*; usw. Ebenfalls kann ein Satz mit einem anderen Satz kombiniert werden, um einen weiteren, komplexe(re)n Satz zu bilden, wobei dieselben Muster gelten wie bei der Kombination von Wortgruppen bzw. Phrasen.

Dennoch war schnell klar, dass zumindest aus der *Perspektive der Schule* auch der komplexe Satz eine eingehende Beschäftigung verdient. Komplexe Sätze, vor allem Satzreihen und Satzgefüge, bilden einen expliziten Lerngegenstand im Grammatikunterricht und sind darüber hinaus mit ihren Querbezügen zu Wortarten (z. B. ist die Unterscheidung Konjunktion vs. Subjunktion nicht von der zwischen Satzreihe und Satzgefüge zu trennen), zur Zeichensetzung und zum Schreiben von Texten zentral. So erwarten die KMK-Bildungsstandards für den mittleren Schulabschluss (2003) von Schüler:innen, dass diese „Leistungen von Sätzen und Wortarten kennen und für Sprechen, Schreiben und Textuntersuchung nutzen" und dabei „Satzstrukturen kennen und funktional verwenden: Hauptsatz, Nebensatz/Gliedsatz, Satzglied, Satzgliedteil"; auch bei der Kompetenz „Textbeschaffenheit analysieren und reflektieren" werden „Satzreihe, Satzgefüge" als wichtige syntaktische Textmittel genannt (ebd.: 16).

Aber auch aus *linguistischer Perspektive* lohnt sich die Beschäftigung mit komplexen Sätzen. Denn die oben gemachte Rekursivitätsannahme ist doch etwas vereinfacht: Die Satzverknüpfung weist Aspekte auf, die eine Verknüpfung von Wortgruppen zu einem einfachen Satz nicht hat. Als eine komplexe syntaktische, semantische, pragmatische und prosodische bzw. graphische Einheit stellen komplexe Sätze eine Herausforderung für die Grammatik dar, die dazu führt, Grammatikkonzepte zu entwickeln und zu präzisieren. Wir werden dies exemplarisch in Kapitel 4 am Beispiel der Satzkoordination sehen.

Zwei schulisch relevante Gegebenheiten haben dieses Buch sicherlich beeinflusst. Zum einen wurde das syntaktische Feldermodell im Bildungsplan von Baden-Württemberg 2016 verankert und ist seitdem fester Teil des Grammatikunterrichts. Auch wir nutzen dieses Modell zur Satzanalyse. Denn es gibt eine Reihe konkreter linguistisch fundierter Überlegungen zum unterrichtlichen Nutzen dieses Modells (wie Wöllstein 2015; Froemel 2020), an die wir anknüpfen können. Auch Geilfuß-Wolfgang & Ponitka (2020) besprechen die lineare Felderstruktur für den einfachen Satz. Wir zeigen, dass das Feldermodell als Analyseinstrumentarium vor allem für komplexe Sätze sehr wertvoll ist, da es z. B. die Einbettung und das Konzept des Hauptsatzes als Matrixsatz unmittelbar abbildet. Zum anderen ist Ende 2019 ein in linguistisch-didaktischer Kooperation unter der Schirmherrschaft des IDS Mannheim entwickeltes Verzeichnis grundlegender grammatischer Fachausdrücke (VGGF; grammis.ids-mannheim.de/vggf) veröffentlicht und von der KMK zustimmend zur Kenntnis genommen worden. Das Verzeichnis versteht sich explizit als eine offene und zu diskutierende Liste, die weder Vorgaben zum Grammatikunterricht macht noch terminologisches Wissen ins Zentrum stellen will, sondern lediglich eine Orientierung und begriffliche Rahmengebung ermöglicht (siehe Vorbemerkung zum VGGF). Wir nutzen deshalb teilweise Definitionen des VGGF; wenn nicht, so sind die Definitionen anschlussfähig an das VGGF.

Wir beginnen, indem wir in Kapitel 1 kurz die Grundkonzepte Satzgefüge, Satzreihe, Haupt- und Nebensatz definieren und nach einem kurzen exemplarischen Überblick über linguistische und didaktische Satzmodelle uns für das Propädeutische Satztopologiemodell (PSM) entscheiden. Kapitel 2 thematisiert das Satzgefüge. Ausgehend von dem Konzept prototypischer und weniger prototypischer Nebensätze wird die Form- und Funktionsvariation in diesem Bereich vorgestellt und die Kommasetzung im Satzgefüge besprochen. Am Beispiel des Satzgefüges entwerfen wir in Kapitel 3 exemplarisch einen funktional ausgerichteten unterrichtlichen Zugang zu diesem Thema. Die hier gemachten Anregungen für Satzgefügen können auch für Satzreihen, aber auch für andere Themen der Grammatik genutzt werden. Kapitel 4 befasst sich mit der Satzreihe, wobei es auf die unterschiedlichen Koordinationsarten eingeht und auch die Interpunktion sowie funktional-stilistische Aspekte berücksichtigt. In beiden Kapiteln stehen finite Teilsätze und ihre Kombination im Vordergrund. Kapitel

5 geht auf infinite Konstruktionen ein, grenzt die satzwertigen Infinitive und Partizipialgruppen ab und systematisiert die Kommasetzung bei diesen. Kapitel 6 schließlich behandelt die (insbesondere satzwertigen) Parenthesen und ihre syntaktischen, semantischen, textfunktionalen und interpunktorischen Eigenschaften. Kapitel 7 zieht ein kurzes Fazit.

1 Aufbau komplexer Sätze – Grundbegriffe und Modelle

> Ein Satz ist eine Einheit, die ein Prädikat enthält; ein komplexer Satz besteht aus mindestens zwei Teilsätzen. Dabei kann ein Teilsatz dem anderen subordiniert sein (Satzgefüge) oder mit ihm koordiniert (Satzreihe). Ein Satz oder Teilsatz, der keinem anderen subordiniert ist, ist ein Hauptsatz; ein Nebensatz ist stets Teil des Hauptsatzes. Für eine Analyse einfacher und komplexer Sätze gibt es sowohl in der Syntaxtheorie als auch in der Didaktik Modelle, die jeweils hierarchische, funktionale bzw. lineare Aspekte erfassen. Wir stellen eine Auswahl dieser Modelle kurz vor und legen uns für diese Einführung auf ein didaktisch aufbereitetes Feldermodell, das propädeutische Satztopologiemodell, fest.

Wie eingangs dargestellt, befassen wir uns hier mit komplexen Sätzen, welche wir als Sätze verstehen, die mehr als ein finites oder infinites Prädikat[1] beinhalten, vgl. (1):

(1)   a.   Wie froh *bin* ich, dass ich *weg bin*!
       b.   Der Brief *wird* dir recht *sein*, er *ist* ganz historisch.
       c.   *Glauben* Sie, dass ich des Glücks wert *sei*, mit Ihnen verwandt *zu sein*?
           (J. W. von Goethe, *Die Leiden des jungen Werther*)

Ein **komplexer Satz** ist eine graphematisch und syntaktisch abgeschlossene sprachliche Einheit, die mehr als ein finites oder infinites Prädikat beinhaltet.

Dass ein komplexer Satz eine graphematisch abgeschlossene Einheit ist, leuchtet sicher ein: Nur wenn die einfachen Teilsätze, wie in (1), nicht jeder für sich mit einem Punkt (oder Ausrufezeichen oder Fragezeichen) enden, sondern es nur

---

1   Unter Prädikat verstehen wir hier die verbalen Bestandteile des Satzes (d. h. die finiten und ggf. die infiniten Verbformen, auch bei trennbaren Verben, vgl. Geilfuß-Wolfgang und Ponitka (2020: 108 f.). Wie dort argumentiert, werden Prädikative wie *froh* in (1a) als Satzglieder und nicht als Teil des Prädikats betrachtet. Zu der Diskussion um die Verwendung des Begriffs Prädikat und Alternativen wie ‚Verb im Satz' siehe Granzow-Enden (³2019: Kap. 14) und Christ (2017).

ein solches Satzendezeichen gibt, sprechen wir von komplexen Sätzen. Dennoch sind sie in erster Linie syntaktische Einheiten. Deshalb ist die Formulierung „und syntaktisch abgeschlossene" nicht nur für die Fälle notwendig, in denen ein Satz nicht verschriftlicht wird. Mit ihr kann vermieden werden, dass ein komplexer Satz ausschließlich graphematisch, also über die Zeichensetzung, definiert wird. Denn dies führe, wie Wöllstein et al. (2016: 1033) feststellen, dazu, dass „die Begriffe der Satzverbindung und des Satzschlusszeichens zirkulär aufeinander bezogen werden": Ein Satz ist dann das, was mit einem Satzendezeichen endet und ein Satzendezeichen ist ein Interpunktionszeichen, welches einen Satz beendet. Was genau unter einer syntaktisch abgeschlossenen Einheit verstanden wird, werden wir bei der Beschäftigung mit Satzreihen in Kapitel 4 sehen:

Eine **syntaktisch abgeschlossene sprachliche Einheit** ist die maximale Einheit der geschriebenen oder gesprochenen Sprache, die nach den Regeln der Syntax aufgebaut wird und in welcher bestimmte syntaktische Prozesse wie Koordinationsellipsen (→ Kap. 4) möglich sind.

Traditionell wird zwischen zwei Arten von komplexen Sätzen unterschieden, *Satzgefügen* und *Satzreihen* (z. B. Pittner & Berman 2021: 96; Wöllstein et al. 2016: 1030; Zifonun et al. 1997: 2235).[2] Diese Unterscheidung findet sich auch in der Schulgrammatik wieder, sowohl die alte KMK-Liste (1982) als auch das neue VGGF nennen diese beiden Begriffe. Deshalb fangen wir mit diesen Konzepten an.

---

2   Das Konzept eines komplexen Satzes an sich ist ein in der Grammatik relativ neues. Die Unterscheidung zwischen der Subordination und der Koordination so, wie wir sie kennen, findet sich in der Grammatik erst im frühen 19. Jahrhundert; vgl. Thümmel (1993: 170).

1.1 Begriffliche Differenzierungen

1.1.1 Satzgefüge. Hauptsatz vs. Nebensatz

Unter einem Satzgefüge oder einer hypotaktischen (griech: *hypo*: ‚unter' und *táxis*: ‚Ordnung') Satzverknüpfung versteht man einen komplexen Satz, welcher mindestens einen **Nebensatz**, d. h. einen formal und/oder funktional untergeordneten Teilsatz, beinhaltet, vgl. (2):

(2) a. Was ich dir neulich von der Malerei sagte, gilt gewiss auch von der Dichtkunst.
b. Sie sei nicht mehr jung, sagte er.
c. Albert ist ein braver Mensch, dem ich so gut wie verlobt bin.
(J. W. von Goethe, *Die Leiden des jungen Werther*)

So ist der Teilsatz in (2a) zum einen durch seine Form bereits als ein typischer Nebensatz ausgezeichnet: Das ist ein durch ein Relativpronomen (*was*) eingeleiteter Verbendsatz. Zum anderen ist er auch funktional abhängig: Der Satz erfüllt die Funktion eines Subjekts im **Hauptsatz**, was wir auch mit dem Ersetzungs- und dem Umstelltest (Verschiebetest), vgl. Geilfuß-Wolfgang und Ponitka (2020: Kap. 3.2), und mit dem Fragetest zeigen können:

(3) *Was ich dir neulich von der Malerei sagte*, gilt gewiss auch von der Dichtkunst.
a. *Das / Diese Annahme* gilt gewiss auch von der Dichtkunst.
b. Gewiss gilt auch von der Dichtkunst, *was ich dir neulich von der Malerei sagte*.
c. <u>Was</u> gilt gewiss auch von der Dichtkunst? – *Was ich dir neulich von der Malerei sagte*, gilt gewiss auch von der Dichtkunst.

Wir sehen, dass der Nebensatz durch ein Pronomen oder eine Nominalphrase im Nominativ zu ersetzen ist, das nachgestellt oder vorangestellt werden kann, genauer, im Vorfeld des Hauptsatzes stehen kann (d. h. vor dem finiten Verb; siehe Geilfuß-Wolfgang und Ponitka 2020: 62 ff. und weiter unten), und dass er erfragbar ist, und zwar mit der Frage nach dem Subjekt.

Die funktionale Abhängigkeit trifft aber auch für den ersten Teilsatz in (2b) zu, obwohl dieser Teilsatz formal gesehen kein typischer Nebensatz ist: Trotz der Verbzweitstellung, die eigentlich typisch für die Hauptsätze ist, liegt hier ein Akkusativobjekt-Satz vor, wie wir wiederum mit den Tests nachweisen können:

(4) *Sie sei nicht mehr jung*, sagte er.
    a. *Das / Diesen kurzen Satz* sagte er.
    b. Er sagte, *sie sei nicht mehr jung*.
    c. Was sagte er? – Er sagte, *sie sei nicht mehr jung*.

Der zweite Teilsatz in (2c) ist nun wieder ein Verbendsatz, diesmal aber mit einem Relativpronomen (*dem*) eingeleitet. Funktional gesehen ist dieser Satz ein Attribut innerhalb des Subjektprädikativs im Hauptsatz, d. h. der Satz benennt eine Eigenschaft des *braven Menschen*. Erneut trifft somit sowohl die formale Nebensatzkennzeichnung als auch die funktionale Abhängigkeit zu.

Ein **Nebensatz** ist ein Teilsatz, der in einem anderen Teilsatz eine Satzglied- oder eine Attribut-Funktion übernimmt und / oder der formal gesehen ein Verbendsatz ist.[3] Oft treffen auch beide Eigenschaften zugleich zu.
Der **Hauptsatz** ist ein Teilsatz, der nicht einem anderen formal oder funktional untergeordnet ist.[4]

Wichtig ist es nun, zwei mögliche Missverständnisse zu vermeiden. Erstens könnten die Sätze in (2) nahelegen, dass es immer der Hauptsatz ist, der einen Nebensatz einbettet. Dem ist nicht so, auch ein Nebensatz kann einen weiteren Nebensatz einbetten, wie (5) zeigt:

---

3   Warum dieser Zusatz nötig ist, wird in Kapitel 2 klar. Wichtig ist, dass Verbendform allein nicht ausreicht, um einen Nebensatz zu definieren: Nicht nur gibt es Nebensätze mit anderer Wortstellung, es gibt auch Verbendhauptsätze, die nicht Teilsätze eines größeren Satzes sind, sondern allein stehen können (vgl. Geilfuß-Wolfgang & Ponitka 2020: 65 ff.):
(i) Was für eine wundervolle Stimme sie hat! (Geilfuß-Wolfgang & Ponitka 2020: 65, Bsp. 10 f.)
4   In dieser Formulierung richten wir uns nach der VGGF-Definition des Hauptsatzes: „Ein Hauptsatz ist entweder ein einfacher Satz mit Verbzweit- oder Verberststellung oder derjenige Teil eines Satzgefüges, dem kein anderer Teilsatz übergeordnet ist". Ein Teil(satz) wird dabei aber nicht linear verstanden: Wie im Text erläutert, ist bei Satzgefügen der Gesamtsatz als derjenige Teil, der mit dem Ganzen formal identisch ist, der Hauptsatz. Bei Satzreihen werden mindestens zwei Hauptsätze zu einem Ganzen kombiniert. Diese Auffassung unterscheidet sich von der z. B. in Pafel (2011) vertretenen, wonach nur der ganze Satz bei Satzreihen der Hauptsatz ist.

(5) Die alberne Figur, die ich mache, wenn in Gesellschaft von ihr gesprochen wird, solltest du sehen.
(J. W. von Goethe, *Die Leiden des jungen Werther*)

Hier ist der Relativsatz zwar dem Hauptsatz als ein Attribut innerhalb des Objekts des Hauptsatzes (*die alberne Figur ...*) untergeordnet, er selbst beinhaltet aber einen weiteren Nebensatz, den *wenn*-Satz, der als Konditionaladverbial im Relativsatz fungiert. Man sagt, der Hauptsatz sei hier der **Matrixsatz** (oder ein **Trägersatz**; in Kapitel 2.3 werden wir zeigen, wann es sinnvoll sein kann, diesen Terminus zu bevorzugen) für den Relativsatz und dieser der Matrixsatz für den *wenn*-Satz.

Ein **Matrixsatz** (auch: Trägersatz; Obersatz) ist ein Teilsatz, von welchem ein anderer Teilsatz (ein Nebensatz) formal und / oder funktional direkt abhängig ist.

Wöllstein et al. (2016: 1031) sprechen in diesem Fall von dem **Nebensatz des ersten** vs. **des zweiten** usw. **Grades**:

(5') [$_{\text{Hauptsatz}}$ Die alberne Figur, [$_{\text{NS des 1. Grades}}$ die ich mache, [$_{\text{NS des 2. Grades}}$ wenn in Gesellschaft von ihr gesprochen wird,]] solltest du sehen.]

Die syntaktische Beziehung zwischen einem Matrixsatz und einem ihm untergeordneten Nebensatz nennt man **Subordination**.

Unter **Subordination** (lat. *sub-*: ‚unter' und *ordinatio*: ‚Anordnung', ‚Ordnung') oder syntaktischen Unterordnung versteht man die Beziehung der formalen und / oder funktionalen Unterordnung zwischen dem Matrixsatz und dem Nebensatz.

Zweitens, wie die Darstellung in (5) schon zeigt, wäre es natürlich vollkommen falsch zu sagen, der Hauptsatz sei das, was übrig bleibt, wenn man die Nebensätze wegnimmt. Denn selbstverständlich gehören ja die Objekte und andere Satzglieder sowie auch Attribute zu dem Satz, in dem sie Satzglieder oder Attribute sind, und stehen nicht neben diesem. Es wäre also falsch und äußerst unlogisch zu sagen, der Hauptsatz in (5) sei lediglich *Die alberne Figur solltest du sehen* oder in (2b) *Sagte er*. Letzterer Satz wäre sogar ungrammatisch. *Sagte er* würde somit eindeutig nicht der üblichen Definition des Hauptsatzes als „selbstständige[m] Satz" (vgl. z. B. Mutter & Schurf (2016): 315) entsprechen.

Selbstverständlich ist also der Hauptsatz in allen besprochenen Fällen der ganze Satz:

(2') a. [_{HS} Ich weiß nicht, [_{NS} ob täuschende Geister um diese Gegend schweben].]
b. [_{HS} [_{NS} Sie sei nicht mehr jung], sagte er.]
c. [_{HS} Albert ist ein braver Mensch, [_{NS} dem ich so gut wie verlobt bin.]]

Nun will man aber natürlich manchmal Bezug auf den Rest des Satzes abzüglich des Nebensatzes nehmen, z. B. um zu sagen, dass der Nebensatz davon durch Kommata abgetrennt wird. Hierfür schlägt z. B. Pafel (2011: 81) den Begriff **(Haupt-)Satzgerüst** vor:

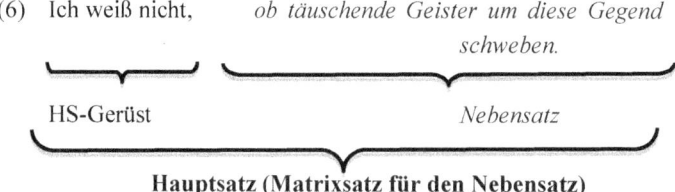

(6) Ich weiß nicht, *ob täuschende Geister um diese Gegend schweben.*

HS-Gerüst   *Nebensatz*

Hauptsatz (Matrixsatz für den Nebensatz)

Nun können wir sagen, dass in (6) das Hauptsatz-Gerüst von dem Nebensatz durch ein Komma abgetrennt wird.

Das **Gerüst des Matrixsatzes** ist derjenige Teil des Matrixsatzes, der übrig bleibt, wenn man den Nebensatz bzw. die Nebensätze wegnimmt.

Ein Nebensatz ist eine Konstituente seines Matrixsatzes und kann deshalb in der Regel zu Beginn des Matrixsatzes, in seiner Mitte oder am Ende des Matrixsatzes stehen, vgl. (7) und (8):

(7) *Wenn man oben auf dem Fußpfade zum Dorf herausgeht*, übersieht man auf einmal das ganze Tal.
(J. W. von Goethe, *Die Leiden des jungen Werther*)

(8) a. Man übersieht auf einmal, *wenn man oben auf dem Fußpfade zum Dorf herausgeht*, das ganze Tal.
b. Man übersieht auf einmal das ganze Tal, *wenn man oben auf dem Fußpfade zum Dorf herausgeht*.

1.1 Begriffliche Differenzierungen — 17

Man spricht dabei topologisch gesehen von einer Stellung im Vorfeld (7), im Mittelfeld (8a) und im Nachfeld (8b) des Matrixsatzes; zu der Felder-Terminologie siehe Geilfuß-Wolfgang & Ponitka (2020: Kap. 4) sowie weiter unten in Abschnitt 1.2. Wie wir in Kapitel 2 sehen werden, können nicht alle möglichen Nebensätze an allen drei Stellen vorkommen, aber generell sind diese Optionen gegeben.

Insbesondere das zweite Missverständnis, bei dem das Hauptsatz-Gerüst als der Hauptsatz (miss-)verstanden wird, führt zu Zweifeln an dem Konzept Hauptsatz selbst. So plädiert Granzow-Emden (2020: 22) vehement gegen die Konzepte Hauptsatz und Nebensatz, „weil in den Schulbüchern und Grammatiken zu viele unterschiedliche und nicht vereinbare Vorstellungen damit verbunden sind". Stattdessen schlägt er einen Fokus auf die rein formale Unterscheidung nach der Verbstellung vor zwischen Verberst- (V1; *Kommst du gleich mit?*), Verbzweit- (V2; *Du kommst gleich mit*) und Verbendsätzen (VE; *dass du gleich mitkommst*); siehe auch Abschnitt 1.2.1 unten. Satz (7) wäre demnach ein V2-Satz mit einem VE-Satz als seinem Teil. Um funktionale Aspekte dennoch zu berücksichtigen, wird das V2-Muster als Hauptmuster und das VE-Muster als Nebenmuster bezeichnet (V1 ist das „Passaufmuster").

Wir bleiben dennoch bei den traditionellen Termini *Hauptsatz* und *Nebensatz*. Wie wir sehen werden, zeigt die von uns benutzte Analyse im Feldermodell eindeutig, dass Nebensätze Teile ihres Matrixsatzes (oft des Hauptsatzes) sind, so dass hier Missverständnisse vermieden werden können. Kennzeichnend für einen Hauptsatz ist, dass mit ihm, wenn er geäußert wird, eine sprachliche Handlung durchgeführt wird; er hat also eine *Illokution* in der Terminologie der Sprechakttheorie. Wenn wir uns nochmal die Einstiegsbeispiele anschauen, so sehen wir, dass (1a) einen Ausruf darstellt, und zwar genau einen; mit dem *dass*-Satz ist keine gesonderte sprachliche Handlung verbunden:

(1') a. Wie froh bin ich, dass ich weg bin!
b. Der Brief wird dir recht sein, er ist ganz historisch.
c. Glauben Sie, dass ich des Glücks wert sei, mit Ihnen verwandt zu sein?

Mit (1b) werden zwei Mitteilungen gemacht, hier liegen also zwei Hauptsätze vor. Mit (1c) liegt trotz der drei Teilsätze nur eine sprachliche Handlung, die Frage, vor.

Wir verstehen den **Hauptsatz** als eine graphematisch abgeschlossene markierte syntaktische Struktur, die mindestens ein Prädikat sowie seine Ergänzungen und ggf. Angaben beinhaltet und die eine Illokution hat, d. h. mit der eine sprachliche Handlung ausgeführt wird.

1.1.2 Satzreihe

Unter einer Satzreihe oder einer parataktischen (griech: *pará*: ‚neben', ‚bei' und *táxis*: ‚Ordnung') Satzverknüpfung versteht man einen komplexen Satz, welcher aus mindestens zwei Teilsätzen besteht, die einander weder formal noch funktional untergeordnet sind, vgl. (9):

(9) Veronika, der Lenz ist da, / die Mädchen singen Tralala, / die ganze Welt ist wie verhext, / Veronika, der Spargel wächst.
(Comedian Harmonists, *Veronika, der Lenz ist da*)

Diese Liedstrophe besteht aus vier Verbzweit-Aussagesätzen (zwei mit einer Anrede an Veronika beginnend), von denen jeder für sich allein stehen könnte und weder formal als abhängig markiert ist (sondern eine Verbzweitstellung hat) noch eine Satzgliedfunktion im Gesamtsatz übernimmt. Es ist eine Aufzählung von selbstständigen Aussagen; nur durch das Komma zwischen den Teilsätzen wird gekennzeichnet, dass sie zusammen Teile eines komplexen Satzes sind. Man sagt, die Teile einer Satzreihung sind koordinativ miteinander verbunden oder miteinander **koordiniert**.

Unter **Koordination** (lat. *con-*: ‚mit', ‚zusammen' und *ordinatio*: ‚Anordnung', ‚Ordnung') versteht man eine syntaktische Verbindung zweier gleichrangiger Wortformen (und sogar Wortteile, vgl. *be- und entladen*), Phrasen oder Teilsätze.

Einige Beispiele für Koordination sind unter (10) zu finden:

(10) Menschen necken, Tiere quälen, / Äpfel, Birnen, Zwetschgen stehlen – / das ist freilich angenehmer / Und dazu auch viel bequemer, / als in Kirche oder Schule / festzusitzen auf dem Stuhle.
(Wilhelm Busch, *Max und Moritz*)

In den ersten beiden Versen werden zum einen drei Nomina, *Äpfel*, *Birnen* und *Zwetschgen*, miteinander koordiniert, und diese Aufzählung ist das direkte Objekt von *stehlen*; zum anderen werden hier drei Verbalphrasen, d. h. Wortgruppen, die aus einem Verb und seinen Ergänzungen, hier jeweils dem direkten Objekt, bestehen, koordiniert. In beiden Fällen handelt es sich um eine **asyndetische Koordination**, d. h. eine Koordination ohne ein sichtbares verbindendes Element wie z. B. die Konjunktion *und* (griech. *a-*: ‚un‘, ‚nicht‘ und *syndetos*: ‚zusammengebunden‘). In den Versen 3 und 4 werden prädikative Adjektive *angenehmer* und *viel bequemer* **syndetisch**, also mit einer Konjunktion, koordiniert, in Vers 5 die Nomina *Kirche* und *Schule*; hier sehen wir auch, dass *und* zwar wahrscheinlich die prototypische koordinierende Konjunktion ist, aber natürlich nicht die einzige, *oder* beispielsweise ist auch eine.

Was Sätze betrifft, so können nicht nur Hauptsätze – Verbzweit-Aussagesätze wie in (9) oben oder Verberst-Fragen wie in (11) – sondern auch Nebensätze untereinander koordiniert werden, vgl. (12), wo zwei Objektsätze mit *und* syndetisch koordiniert werden:

(11)   [...], schöpfe Trost aus seinem Leiden *und* lass das Büchlein deinen Freund sein.

(12)   Meiner Mutter sollst du sagen, dass sie für ihren Sohn beten soll *und* dass ich sie um Vergebung bitte wegen alles Verdrusses, den ich ihr gemacht habe.
        (J. W. von Goethe, *Die Leiden des jungen Werther*)

Dieser Fall wird allerdings nicht als eine Satzreihe bezeichnet, sondern als ein Satzgefüge, denn hier bettet der Matrixsatz eine Nebensatzkoordination ein: [$_{HS}$ *Meiner Mutter sollst du sagen*, [NS1 *und* NS2]].

Unter einer **Satzreihe** (auch: Satzreihung; Satzverbindung) versteht man einen besonderen Fall der Koordination, und zwar eine Koordination von Hauptsätzen.

In Kapitel 4 werden wir genauer auf die Satzreihe eingehen und dabei auch sehen, dass es hier, anders als beim Satzgefüge, viel schwieriger ist, genau auszumachen, was zwei Hauptsätze eigentlich zu einem syntaktischen Ganzen macht. Diese Schwierigkeit zeigt sich auch darin, dass die Begriffe *Parataxe* und *parataktischer Satzbau* je nach Autor:in für Strukturen wie (13) oder für solche wie (14) (z. B. Pittner & Berman 2021) genutzt werden:

(13)   Agnes ist tot. Eine Geschichte hat sie getötet.
        (Peter Stamm, *Agnes*)

(14) a. Agnes ist tot, eine Geschichte hat sie getötet.
     b. Agnes ist tot: Eine Geschichte hat sie getötet.

Es wäre, wie oben angesprochen, natürlich unbefriedigend, wenn wir die Unterscheidung zwischen zwei Hauptsätzen in (13) und einer asyndetisch verbundenen Satzreihe in (14) ausschließlich über die Interpunktion fällen: Dann nämlich würde sich ein Zirkelschluss ergeben: Ein komplexer Satz wird durch ein Satzendezeichen abgeschlossen – und Satzendezeichen sind Zeichen, die einen Satz abschließen können. Außerdem hätten wir eine syntaktische Einheit dann ausschließlich über die Interpunktion definiert, was theoretisch unsauber ist. Wir werden deshalb in Kapitel 4 zeigen, dass es durchaus auch syntaktische Gründe dafür gibt, zwischen einer Reihe von einfachen Sätzen wie (13) und einer Satzreihung wie (14) zu unterscheiden.

1.2 Beschreibungsmodelle komplexer Sätze

Nach der kurzen Einführung in die komplexen Sätze als Gegenstand soll nun ein linguistisch valides und didaktisch angemessenes Modell vorgestellt werden, um komplexe Sätze in der Schule zu thematisieren. Im Folgenden werden wir deshalb kurz die bestehenden Modelle und Modellierungsansätze darstellen und uns für eine didaktisch aufbereitete Version des topologischen Modells stark machen.

1.2.1 Linguistische Modelle: hierarchische, funktionale und lineare Modelle

Da der Satz die zentrale Einheit der Syntax bildet, gibt es sehr viele Vorschläge zu seiner Modellierung, wobei die Modelle zunächst für die einfachen Sätze entwickelt (siehe z. B. Geilfuß-Wolfgang & Ponitka 2020: Kap. 3 und 4) und dann auf die komplexen Sätze ausgeweitet und ggf. modifiziert wurden. Die Modelle lassen sich grob in drei Gruppen aufteilen, die wir exemplarisch anhand einiger wichtiger Vertreter kurz besprechen.

a) Hierarchische Satzmodelle
Die hierarchischen Satzmodelle stellen einen Satz als eine hierarchische Struktur dar. Dabei hebt die *Dependenz- bzw. Valenzgrammatik* (Tesnière 1959; siehe z. B. Engel 2014 für das Deutsche) das finite Verb als das Zentrum des Satzes hervor, vgl. (15a). Hingegen sehen die *Unmittelbare-Konstituenten-Analyse* (IC-

Analyse) und die *Phrasenstrukturgrammatik* (für beide siehe z. B. Grewendorf et al. (2003: Kap. IV) den Satz als eine wiederum intern hierarchisch komplexe Kombination aus dem Subjekt und dem Prädikat an, vgl. (15b) und (15c):

(15) Der Mann liest ein spannendes Buch.

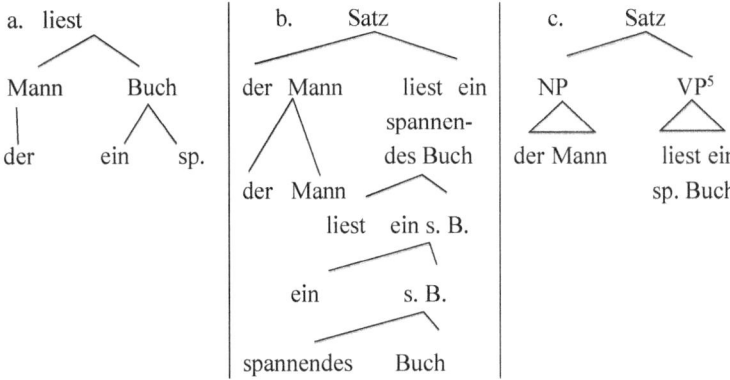

Tab. 1-1: Hierarchische Satzanalysen

All diese Modelle sind für einfache Sätze entwickelt, können aber auch komplexe Sätze darstellen. Dies gilt zumindest für Satzgefüge: Da hier Teilsätze in anderen Teilsätzen Satzglied- oder Attributfunktionen haben, bleiben die Abhängigkeitsverhältnisse gleich, ob beispielsweise ein Objekt aus einer NP oder einem Satz besteht, vgl. (16), in (16a) dargestellt im Phrasenstrukturmodell:

(16) Wer das Buch liest, erfährt bald, was danach mit dem Schatz passiert.

(16a)

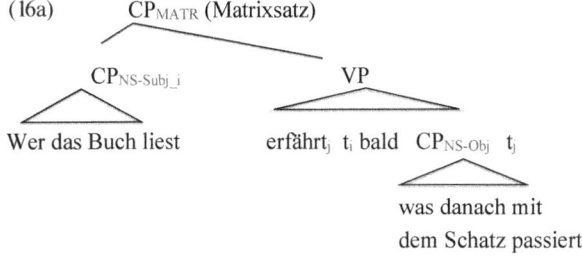

Die Nebensätze werden dann wiederum intern analysiert, denn sie bilden für sich auch hierarchische Satzstrukturen.

Deutlich schwieriger für hierarchische Modelle ist es, eine Satzreihe darzustellen, denn hier gibt es gerade keine Abhängigkeitsverhältnisse zwischen den Teilsätzen. Es gibt Lösungsvorschläge für dieses Problem, die aber nicht ganz befriedigend sind. Deshalb (und auch wegen fehlender curricularer Anbindung) sind diese Modelle für unser Anliegen, komplexe Sätze zu repräsentieren, weniger geeignet. Festzuhalten bleibt, dass sie die hierarchischen Beziehungen im einfachen Satz oder im Satzgefüge abbilden.

b) Funktionale Satzmodelle

Ein in erster Linie funktionales Satzmodell ist die traditionelle *Satzgliedanalyse*, die das Prädikat und von diesem abhängige Satzglieder funktional beschreibt. Sie geht auf die (grundsätzlich stark funktional ausgerichtete) antike Grammatikschreibung zurück und gehört zum festen Bestandteil des schulischen Deutschunterrichts (vgl. Geilfuß-Wolfgang & Ponitka 2020: Kap. 5). Da auch Nebensätze eine Satzgliedfunktion haben können, ist die Satzgliedanalyse auch für Satzgefüge geeignet:

(17) Die alberne Figur, die ich mache, wenn in Gesellschaft von ihr gesprochen wird, solltest du sehen.

So kann für (17) bestimmt werden, dass *du* als Subjekt im Matrixsatz fungiert, *solltest sehen* als Prädikat, und *die alberne Figur* + Relativsatz (der den *wenn*-Satz einbettet) als Akkusativobjekt dient. Die Nebensätze können auch intern analysiert werden; so können wir bestimmen, dass der *wenn*-Satz als Ganzes ein Konditionaladverbial im Relativsatz ist und dass beispielsweise *gesprochen wird* das Prädikat in diesem *wenn*-Satz ist.

Wenn wir jedoch die linearen Aspekte abbilden wollen, so ist die Satzgliedanalyse nicht geeignet. Darüber hinaus bietet sie, wie die hierarchischen Modelle, keine Lösung für Satzreihen: Bei einer Satzreihe können nur die Satzglieder jedes Teilsatzes für sich bestimmt werden, ein Konzept der Satzreihe ist in der Satzgliedanalyse nicht vorhanden.[5]

Die funktionalen Modelle haben also in erster Linie den einfachen Satz im Fokus, auch wenn eine Anwendung auf Satzgefüge möglich ist. Wie schon bei

---

5 Die bereits oben erwähnte *Funktionale Satzperspektive* der Prager Schule (vgl. Schlobinski 2003: Kap. 5) spielt für die komplexen Sätze nur peripher eine Rolle: Wie wir in Kapitel 2 sehen werden, kann man Nebensätze danach unterscheiden, ob sie eine eigene Informationsstruktur haben oder ob sie Teil der Hauptsatzinformationsstruktur sind.

den hierarchischen Modellen spielt die Wortfolge nur sekundär oder gar keine Rolle, und die Satzreihung wird nicht modelliert.

c) Lineare Satzmodelle
Das sicher bekannteste lineare Satzmodell, welches speziell für das Deutsche entwickelt wurde, ist das *Topologische Modell* (auch Feldermodell). Es geht auf Drach (1937) zurück, der als erster den Satz in Bereiche oder Felder aufteilt, für die es bestimmte Besetzungsregularitäten gibt. In seinem Vorschlag sind es noch drei Felder, später setzt sich als Basismodell das sogenannte *uniforme fünfgliedrige Modell* durch, welches z. B. von der Duden-Grammatik (Wöllstein et al. 2016: 897) verwendet wird:

(18) a. Die zwei ältesten Knaben waren hinten auf die Kutsche geklettert [...]
 b. Sonst sind mir einige verzerrte Originale in den Weg gelaufen, an denen alles unausstehlich ist.
 (J. W. von Goethe, *Die Leiden des jungen Werther*)

	Vorfeld	Linke Satzklammer	Mittelfeld	Rechte Satzklammer	Nachfeld
a.	Die zwei ältesten Knaben	waren	hinten auf die Kutsche	geklettert	
b.	Sonst	sind	mir einige verzerrte Originale in den Weg	gelaufen,	an denen alles unausstehlich ist

Tab. 1-2: Uniformes Feldermodell

Das Modell nutzt das Phänomen der ‚Satzklammer' im deutschen Verbzweit-Satz, d. h. die Tatsache, dass ein finites und ein infinites Verb nicht, wie z. B. im Englischen oder im Französischen, nebeneinander stehen (19a und b), sondern sich auf die Position nach dem ersten Satzglied und nach dem letzten Satzglied verteilen.

(19) a. I dare say I *should have felt* a pain in my liver, too [...].
,Ich *hätte* wahrscheinlich auch in der Leber einen Schmerz *gefühlt*')
(Charles Dickens, *Great Expectations*, Kap. 3)
b. Et je crois que *j'aurais ressenti* une douleur au foie [...]

Dabei teilen die Verben den Satz in drei Felder auf: So steht bei einem typischen Aussagesatz ein Satzglied (z. B. das Subjekt in (18a) oder das Adverbial in (18b)) an der ersten Stelle im Satz, im **Vorfeld**, dann folgt das finite Verb; das infinite Verb kommt aber erst nach allen oder fast allen anderen Satzgliedern, welche das **Mittelfeld** besetzen. Dabei können nach dem infiniten Verbteil noch Nebensatz-Satzglieder oder Vergleiche (18b) im **Nachfeld** stehen.

Das **topologische Modell** (Feldermodell) ist ein lineares Modell für einfache und komplexe Satzstrukturen des Deutschen, das den Satz ausgehend von der Stellung der Verbformen in Felder aufteilt.

Es ist hierbei zu bemerken, dass die Rede von *dem* topologischen Satzmodell irreführend ist, da sich in der linguistischen Theoriebildung unterschiedliche topologische Grundmodelle differenzieren lassen (vgl. Wöllstein 2014; Froemel 2020: Kap. 2). Die wichtigste Unterscheidung besteht zwischen dem soeben vorgestellten *uniformen Modell* und dem sogenannten *Differenzmodell* (Höhle 2018; Pafel 2009, 2011). So wird in Geilfuß-Wolfgang und Ponitka (2020: Kap. 4) das Differenzmodell benutzt.

Beim Differenzmodell werden die drei im Deutschen vorhandenen Satztypen, d. h. Verberst-, Verbzweit- und Verbendsätze, als Grundlage für die Modellierung genutzt. Jedem Verbstellungstyp wird dabei ein eigenes topologisches Schema zugeordnet. Dadurch lässt sich die Annahme vermeiden, dass bestimmte Felder systematisch leer oder nicht vorhanden sind. Wichtig ist dabei, dass es nur bei den V2- und V1-Sätzen eine besondere Stelle für das finite Verb gibt, während bei den VE-Sätzen alle Verben, egal ob finit oder infinit, vor dem Nachfeld stehen. Dafür haben diese Sätze dort, wo bei V2- und V1-Sätzen die Position des finiten Verbs ist, eine Stelle für einen Satzeinleiter, in der eine Subjunktion (20a) oder ein Relativ- (20b) oder Interrogativpronomen (20c) stehen kann, wobei beide letztere auch Teil einer längeren Wortgruppe sein können, wie dies in (20) der Fall ist:

(20) a. [...], *ob* täuschende Geister um diese Gegend schweben
b. [... Phantasie, ...] *die* mir alles rings umher so paradiesisch macht
c. [... zusah,] *mit welcher Emsigkeit* das Kleine mit seinen nassen Händchen die Backen rieb.
(J. W. von Goethe, *Die Leiden des jungen Werther*)

Diesen Unterschied zwischen V2-, V1- und VE-Sätzen stellt das Differenzmodell wie folgt dar, vgl. Geilfuß-Wolfgang und Ponitka (2020: Kap. 4):

a) V2-Schema

Vorfeld	finites Verb	Mittelfeld	weitere Verben	Nachfeld
Die zwei ältesten Knaben	waren	hinten auf die Kutsche	geklettert	–

b) V1-Schema

finites Verb	Mittelfeld	weitere Verben	Nachfeld
Hast	du das zum Schicksale der Menschen	gemacht?	–

c) VE-Schema

Satzeinleiter	Mittelfeld	Verben	Nachfeld
dass	Missverständnisse und Trägheit vielleicht mehr Irrungen in der Welt	machen	als List und Bosheit.
die	mir alles rings umher so paradiesisch	macht	–
mit welcher Emsigkeit	das Kleine mit seinen nassen Händchen die Backen	rieb	–

Tab. 1-3: Differenzmodell

Im Vorfeld steht gewöhnlich genau ein Satzglied.[6] Das Mittelfeld und das Nachfeld können in beiden Modelltypen beliebig viele Satzglieder beinhalten, wobei die Abfolge der Satzglieder im Mittelfeld sowie das Platzieren von Satzgliedern ins Nachfeld vor allem der Informationsstrukturierung dient (zur Mittelfeld- und Nachfeld-Belegung siehe Wöllstein (2014) und Froemel (2020: Kap. 7.3 und 7.4).

Die Satzeinleiter-Position bei Verbendsätzen bezeichnen Geilfuß-Wolfgang und Ponitka (2020: 66) als SK für ‚satzeinleitende Konstituente'. Wir werden weiter unten diese Position etwas neutraler als SE für ‚Satzeinleiter' benennen (die Begründung siehe Abschnitt 1.2.3).

Wie man sieht, ist nur das Schema für V2-Sätze fünfteilig, das für V1- und VE-Sätze jedoch vierteilig, da diese kein Vorfeld haben. Die Bezeichnung ‚Satzklammer' wird nicht benutzt, da die vermeintlichen Bestandteile dieser Klammer sehr unterschiedlich sind. Stattdessen weisen Verbzweit- und Verberstsätze eine Position für das finite Verb und eine weitere Position für infinite Verben auf. Verbletztsätze haben dagegen eine Position für Satzeinleiter und eine Position für Verben, in der sowohl finite als auch infinite Verben stehen können.

Natürlich kann beobachtet werden, dass manche Sätze mehr beinhalten als die bisher dargestellten Felder. Um insbesondere die sogenannten Rechts- und Linksversetzungen wie in (21) oder voran- bzw. nachgestellte Anreden wie in (22) modellieren zu können, wurden in der Literatur unterschiedliche Optionen der Modellerweiterung an den Satzrändern vorgeschlagen; einen Überblick mit einem didaktischen Vorschlag der „ausklappbaren Satzränder" findet man in Averintseva-Klisch (2015). In unserer Darstellung hier orientieren wir uns an Gallmann (2015), der ein nicht weiter differenziertes ‚Vor-Vorfeld' und ‚Nach-Nachfeld' vorschlägt (exemplarisch sei hier eine uniforme Analyse angegeben; die Erweiterungen sind aber auch mit dem Differenzmodell kompatibel):

(21)   Einem reichen Manne, dem wurde seine Frau krank.
       (*Aschenputtel*)

---

6   Genauer gesagt, eine Konstituente des Satzes; dies bedeutet, dass manchmal auch Einheiten kleiner oder größer als ein Satzglied im Vorfeld stehen können, vgl. Gallmann (2015: 13–17) und Geilfuß-Wolfgang und Ponitka (2020: 63 ff.). Als eine analytische Faustregel ist aber „ein Satzglied" gut geeignet.

	Vor-VF	Vorfeld	LSK	Mittelfeld	RSK	NF	Nach-NF
V2	Einem reichen Manne,	dem	wurde	seine Frau krank	–	–	–

Tab. 1-4: Linksversetzung im Vor-Vorfeld

(22)   Liebes Kind, bleib fromm und gut (*Aschenputtel*)

	Vor-VF	Vorfeld	LSK	Mittelfeld	RSK	NF	Nach-NF
V1	Liebes Kind,	–	bleib	fromm und gut	–	–	–
V1	-	–	Bleib	fromm und gut,	–	–	liebes Kind!

Tab. 1-5: Anreden topologisch

Wie wir in Kapitel 6 zeigen werden, ist es auf jeden Fall wichtig, zwischen Satzgliedern im Vorfeld (vgl. *Liebes Kind bleibt fromm und gut.* – Subjekt) und den nicht satzgliedfähigen Anreden in Vor-VF zu unterscheiden.

Mit dem topologischen Modell kann man nun auch komplexe Sätze erfassen, und zwar sowohl Satzgefüge, vgl. (23), als auch Satzreihen, vgl. (24), und Sätze, die subordinierte Koordinationsstrukturen beinhalten, vgl. (25); exemplarisch sei auch hier die uniforme Analyse dargestellt:

(23)   Die alberne Figur, die ich mache, wenn in Gesellschaft von ihr gesprochen wird, solltest du sehen.

	Vorfeld	LSK	Mittelfeld	RSK	Nachfeld
S0 (V2)	Die alberne Figur, [S_1 [S_2]],	solltest	du	sehen	–
S_1 (VE)	die	–	ich	mache	S_2
S_2 (VE)	–	wenn	in Gesellschaft von ihr	gesprochen wird	–

Tab. 1-6: Satzgefüge topologisch

Die Darstellung veranschaulicht, welcher Satz der Hauptsatz ist: Derjenige, der die anderen Teilsätze in seinen Feldern beherbergt, selbst aber nicht Teil bzw. Felderbelegung eines anderen Satzes ist. Dieser Satz wird als S_0 bezeichnet und in der ersten Analysezeile analysiert. In den weiteren Zeilen können dann die Nebensätze (hier: S1 und S2) intern analysiert werden. Ein Nebensatz kann auch Matrixsatz sein, dann beherbergt er in seinen Feldern wiederum weitere Nebensätze, wie in (23), wo sich S2 im Nachfeld von S1 befindet.

Um die Koordination darzustellen, brauchen wir eine Position vor dem eigentlichen Satz, also auch vor dem Vorfeld, in der sich die koordinierenden Konjunktionen befinden; hier wird sie als KOORD bezeichnet:[7]

(24)   schöpfe Trost aus seinem Leiden und lass das Büchlein deinen Freund sein.

Koord	Vorfeld	LSK	Mittelfeld	RSK	Nachfeld
–	–	schöpfe	Trost aus seinem Leiden	–	–
und	–	lass	das Büchlein deinen Freund	sein	–

Tab. 1-7: Satzreihe topologisch

(25)   Meiner Mutter sollst du sagen, dass sie für ihren Sohn beten soll und dass ich sie um Vergebung bitte wegen all des Verdrusses, den ich ihr gemacht habe.

	Koord	Vorfeld	LSK	Mittelfeld	RSK	Nachfeld
$S0\ (V2)$	–	Meiner Mutter	sollst	du	sagen	[S1 und S2]
$S_1\ (VE)$	–	–	dass	sie für ihren Sohn	beten soll	–
$S_2\ (VE)$	und	–	dass	ich sie um Vergebung	bitte	wegen alles Verdrusses, S3

---

7   Dies ist die häufigste Analyse, vgl. z. B. Pittner und Berman (2021: 96), Wöllstein (2014: 68); andere Analysemöglichkeiten werden in Kapitel 4 diskutiert.

S_3 (VE)	–	den	–	ich ihr	gemacht habe	–

Tab. 1-8: Komplexeres Beispiel topologisch

Auch hier kann man aus der Darstellung gleich ablesen, dass der V2-Hauptsatz zwei Nebensätze beinhaltet, die aber untereinander koordiniert sind, sodass S2 nicht Teil von S1 ist; hingegen bettet S2 einen dritten Nebensatz ein, der als Nebensatz zweiten Grades einen Teil des Nachfelds von S2 darstellt.

Als ein Zwischenfazit können wir also festhalten, dass das Feldermodell ein primär lineares Modell ist, welches jedoch gerade auf der Ebene der komplexen Sätze auch die hierarchischen Beziehungen abbilden kann. Als einziges der besprochenen Modelle kann es auch die Satzreihung modellieren. Darüber hinaus berücksichtigt es zwar nicht primär die syntaktischen Funktionen, hat jedoch, wie oben skizziert, Schnittstellen sowohl zur Satzgliedanalyse (über den Vorfeldtest zur Identifizierung von Satzgliedern) als auch zur Informationsstrukturierung (→ Kap. 2.6 und 4.3).

1.2.2 Didaktische Modelle

a) Reihungs- oder Verkettungsmodell

Dieses weit verbreitete didaktische Satzmodell stellt komplexe Sätze als Aufeinanderfolge von Haupt- bzw. Nebensätzen dar; der Satz abzüglich der Nebensätze wird dabei als Hauptsatz verstanden, d. h. das Hauptsatzgerüst wird als Hauptsatz bezeichnet. Dadurch lässt sich die Dichotomie komplexer Sätze von Parataxen und Hypotaxen erfassen: Parataxen werden als Hauptsatzabfolgen und Satzgefüge als Kombination von Haupt- und Nebensätzen kenntlich.

Bei Satzgefügen lassen sich je nach Stellung des Nebensatzes relativ zum Hauptsatz drei Grundkonstellationen unterscheiden. Der Nebensatz kann dem Hauptsatz nachfolgen (1), dem Hauptsatz vorangehen (2) oder in den Hauptsatz eingeschoben sein (3); parataktische Strukturen werden analog zu Satzgefügen dargestellt (4):

1. HS + NS
Ich weiß nicht,	ob täuschende Geister um diese Gegend schweben
HS	NS

2. NS + HS
Sie sei nicht mehr jung,	sagte er
NS	HS

3. HS (1. Teil) + NS + HS (2. Teil)
Die alberne Figur,	die ich mache [...],	solltest du sehen.
HS 1. Teil	NS	HS 2. Teil

4. HS 1 + HS 2
Der Lenz ist da, schöpfe Trost aus seinem Leiden	und	die Vögel singen Tralala lass das Büchlein deinen Freund sein
HS 1		HS 2

Tab. 1-9: Reihungsmodell: Grundmuster

Komplexere Satzstrukturen wie in (5) werden durch die rekursive Anwendung der vier Grundmuster erfasst:

5. HS 1 (1.Teil) + NS 1 + NS 2 + HS 1 (2. Teil) + HS 2
Die alberne Figur,	die ich mache,	wenn in Gesellschaft von ihr gesprochen wird,	solltest du sehen	und	du solltest mich dann nicht auslachen
HS 1 (1. Teil)	NS 1	NS 2	HS 1 (2. Teil)		HS 2

Tab. 1-10: Reihungsmodell: rekursive Anwendung der Grundtypen

Insgesamt wird aus den Beispielen die zentrale didaktische Funktion des Reihungsmodells deutlich: Das Reihungsmodell eröffnet Lernenden einen Zugang zur linearen Satzstruktur von Satzreihen und Satzgefügen, indem die Abfolge von Haupt- und Nebensätzen auf vier Grundtypen zurückgeführt wird: Bei Satzgefügen kann der Nebensatz dem Hauptsatz nachfolgen (Grundtyp 1: HS

+ NS), dem Hauptsatz vorangehen (Grundtyp 2: NS + HS) oder in den Hauptsatz eingeschoben sein, wodurch dieser in zwei Teile zerfällt (Grundtyp 3: HS 1. Teil + NS + HS 2. Teil). Der vierte Grundtyp beschreibt Satzreihen (Grundtyp 4: HS + HS).

Ein Anwendungsbereich des Reihungsmodells besteht in der Formulierung von satzbezogenen Kommaregeln. Für die Kommatierung zwischen Haupt- und Nebensätzen sowie zwischen Hauptsätzen lassen sich in Anlehnung an die ‚Amtliche Regelung der deutschen Rechtschreibung' beispielsweise folgende, didaktisch reduzierte, Regeln angeben:

- Steht ein Nebensatz vor oder nach dem Hauptsatz, steht zwischen Haupt- und Nebensatz ein Komma;
- Ist ein Nebensatz in einen Hauptsatz eingeschoben, wird der Nebensatz durch Kommas eingeschlossen;
- Zwischen zwei Hauptsätzen, die nicht durch *und* oder *oder* verbunden sind, steht ein Komma.

Allerdings sind mit dem Reihungsmodell auch didaktische Schwierigkeiten verknüpft: Erstens wird die hierarchische Struktur von Satzgefügen nicht transparent. Es wird nicht klar, dass es sich bei Nebensätzen um untergeordnete Sätze handelt. Stattdessen werden Haupt- und Nebensätze auf der gleichen Stufe dargestellt, sodass kein Unterschied zwischen Hauptsatzverbindungen und Hauptsatz-Nebensatz-Verbindungen deutlich wird. Insbesondere bleibt die Einbettungstiefe von Nebensätzen unberücksichtigt, sodass beispielsweise in Tabelle 10 nicht deutlich wird, ob ein Nebensatz ersten oder zweiten Grades vorliegt.

Zweitens wird bei den Lernenden kein Verständnis darüber aufgebaut, dass Nebensätze ein integraler Bestandteil des übergeordneten Teilsatzes sind (→ Kap. 2). Dadurch bleibt die Einsicht verwehrt, dass Nebensätze Satzglieder oder Attribute des übergeordneten Satzes sind, was wiederum der funktionalen Satzanalyse (Satzgliedanalyse) widerspricht.

Zudem tritt das Reihungsmodell drittens in Konflikt zum Hauptsatzbegriff. Im Reihungsmodell werden Satzteile als Hauptsatz markiert, die nicht selbstständig verwendet werden können, was jedoch ein zentrales Merkmal für Hauptsätze darstellt.

Schließlich macht das Reihungsmodell keine Aussagen über die interne Struktur von Haupt- und Nebensätzen. Die Lernenden erwerben damit keine

Einsichten darüber, dass Haupt- und Nebensätze nach dem V1-, V2- und VE-Muster strukturiert sein können.

b) Stufen- oder Treppenmodell
Soll neben der linearen Abfolge der Teilsätze die hierarchische Struktur eines komplexen Satzes in den Blick genommen werden, bietet sich das Stufen- oder Treppenmodell als Erweiterung des Reihungsmodells an. Parataxen und Hypotaxen werden im Stufenmodell wie im Reihungsmodell als lineare Ketten von Hauptsätzen bzw. von Haupt- und Nebensätzen analysiert; auch hier wird der Hauptsatz als das Hauptsatzgerüst (miss-)verstanden. Der Unterschied besteht darin, dass der Einbettungsgrad von Nebensätzen sichtbar wird, indem der jeweilige Nebensatz auf einer tieferen Stufe steht als der Satz, in den er eingebettet ist:

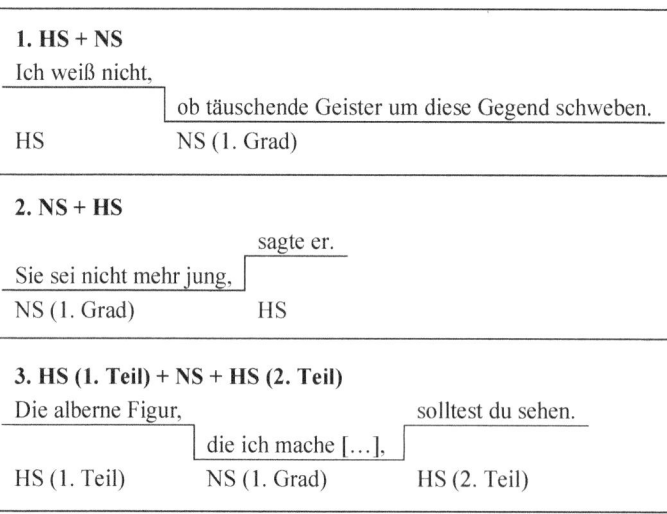

Tab. 1-11: Stufenmodell, Satzgefüge

Bei Satzgefügen lassen sich analog zum Reihungsmodell je nach Stellung der Nebensätze drei Grundtypen der Stufenbildung differenzieren: Entweder steht der Nebensatz nach dem Hauptsatz, vor dem Hauptsatz oder zwischen zwei Hauptsatzteilen. Die Hauptsätze parataktischer Reihungen stehen der Logik des Treppenmodells folgend auf derselben Stufe:

HS 1 + HS 2		
Peter kauft Getränke	(und)	Petra kauft Kuchen.
HS 1		HS 2

Tab. 1-12: Stufenmodell, Satzreihung

Das Treppenmodell vermittelt den Lernenden zusätzlich zu der linearen Abfolge der Haupt- und Nebensätze einen Einblick in die hierarchische Struktur komplexer Sätze. Die Hierarchie der Teilsätze wird nicht als Einbettungsstruktur, sondern mittels der unterschiedlichen Stufen als Über- bzw. Unterordnung verdeutlicht: Der Satz, der auf einer höheren Stufe steht, ist dem Satz, der auf einer weiter unten angesiedelten Stufe steht, übergeordnet. Die Stufenanzahl korrespondiert dabei mit dem Grad des jeweiligen Nebensatzes.

Allerdings wird durch die gestufte Darstellung auch beim Treppenmodell nicht deutlich, dass es sich bei den Nebensätzen um Teile des übergeordneten Teilsatzes handelt. Demnach bleibt die Einbettungsstruktur von Satzgefügen unklar und die Lernenden könnten wie beim Reihungsmodell ein Satzkonzept entwickeln, bei dem der jeweilige Nebensatz nach dem übergeordneten Teilsatz steht und nicht in diesen integriert ist. Damit verbunden ist auch mit dem Treppenmodell das Selbstständigkeitskriterium für Hauptsätze nicht gewährleistet, indem Satzteile als Hauptsatz analysiert werden, die nicht selbstständig verwendet werden können (Tab. 11, *Ich weiß nicht*). Die interne Struktur der Teilsätze bleibt beim Treppenmodell ebenfalls im Dunkeln.

c) Schachtel- oder Boxenmodell
Wenn der didaktische Fokus auf der Einbettungsstruktur von Satzgefügen liegen soll, bietet sich das *Schachtel-*, *Kasten-* oder *Boxenmodell* an. Die Rekursivität der Einbettungsstruktur wird durch die Verschachtelung der Teilsätze erfasst, indem die Teilsätze als Schachteln visualisiert werden, die wiederum andere Schachteln bzw. Sätze enthalten können:

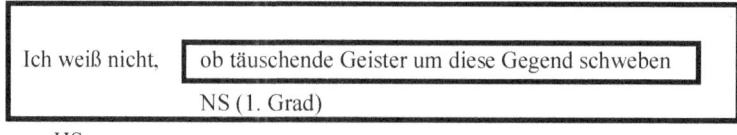

Tab. 1-13: Schachtelmodell Satzgefüge

Der Nebensatz 1. Grades wird durch eine Schachtel symbolisiert, die in einer größeren Schachtel, dem Hauptsatz, enthalten ist. Dadurch wird visuell klar, dass der Nebensatz einen Teil des Hauptsatzes darstellt. Beim Hauptsatz handelt es sich somit nicht nur um das Syntagma *Ich weiß nicht*, sondern um den gesamten Satz *Ich weiß nicht, ob täuschende Geister um diese Gegend schweben*.

Auch die Einbettungsstruktur komplexerer Satzgefüge lässt sich mit dem Schachtelmodell darstellen:

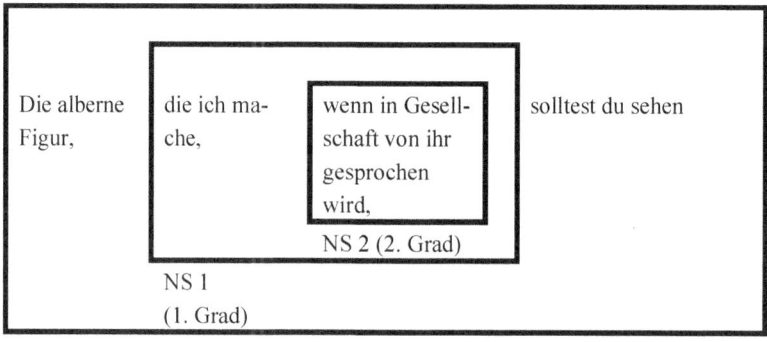

Tab. 1-14: Schachtelmodell komplexer Satz

Die Visualisierung macht deutlich, dass der Hauptsatz einen attributiven Nebensatz enthält, der wiederum einen konditionalen Nebensatz enthält. Auch gilt hier, dass der Hauptsatz nicht durch die Nebensätze durchbrochen wird und in zwei Hauptsatzteile zerfällt. Vielmehr wird durch die Hauptsatz-Box deutlich, dass die Nebensätze im Hauptsatz enthalten sind und der Hauptsatz aus dem gesamten Satz besteht.

1.2 Beschreibungsmodelle komplexer Sätze 35

Analog zu Satzgefügen lassen sich auch parataktische Satzstrukturen darstellen. Hier wird deutlich, dass die nebengeordneten Teilsätze zusammen den Gesamtsatz / Hauptsatz bilden:

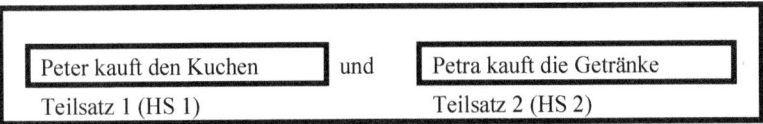

Peter kauft den Kuchen	und	Petra kauft die Getränke
Teilsatz 1 (HS 1)		Teilsatz 2 (HS 2)

Gesamtsatz bzw. Hauptsatz

Tab. 1-15: Schachtelmodell Satzreihung

Die Nebenordnung der Teilsätze wird durch nebeneinanderstehende, nicht ineinander verschachtelte Boxen symbolisiert. Zudem wird deutlich, dass es sich bei der parataktischen Reihung der Teilsätze wieder um einen (Gesamt-)Satz handelt.

Ein wesentlicher didaktischer Vorzug des Schachtelmodells besteht darin, dass der Nebensatz zu demjenigen Satz gehört, in dem er eine syntaktische Funktion übernimmt. Damit ist im Unterschied zum Reihungs- und Stufenmodell gewährleistet, dass ein Objektsatz (Tab. 1-13), ein Attributsatz (Tab. 1-14) oder ein Adverbialsatz (Tab. 1-14) ebenso wie ihre nichtsatzwertigen Pendants zu dem Satz gehört, in dem das selegierende oder modifizierte Verb bzw. ihr Bezugswort steht.[8]

1.2.3 Synthese: PSM

Wie oben gezeigt, bietet sich das topologische Satzmodell (Feldermodell; TM) zur Darstellung komplexer Sätze an, denn es ermöglicht, zugleich die Einbettungsstruktur und die lineare Struktur komplexer Sätze transparent zu machen. Es existieren bereits viele explizite Didaktisierungsvorschläge für das topologische Satzmodell, z. B. Gallmann (2015), Metzger (2017), Granzow-Emden (2019), Geilfuß-Wolfgang und Ponitka (2020) und Froemel (2020). In diesem Buch verwenden wir das in Froemel (2020) entwickelte propädeutische Satz-

---

[8] Aus Platzgründen gehen wir hier weder auf das Bogenmodell (nach Essen; vgl. z. B. Einecke o. J., www.fachdidaktik-einecke.de) noch auf das Netzmodell (nach Becker; vgl. z. B. Helbig 1983: 196 ff.) ein. Denn auch diese haben gegenüber PSM, auf welches wir uns im Weiteren konzentrieren, Nachteile.

topologiemodell (PSM), das eine Synthese aus uniformem Satzklammermodell, differenziertem Satzklammermodell und Differenzmodell darstellt:

			Satzklammer			
V2-Satz	AF	VF	LVS	MF	RVS	NF
V1-Satz	AF		LVS	MF	RVS	NF
VE-Satz	AF		SE	MF	VS	NF

Tab. 1-16: Propädeutisches Satztopologiemodell (V2-Satz = Verbzweitsatz, V1-Satz = Verberstsatz, VE-Satz = Verbendsatz, AF = Außenfeld, VF = Vorfeld, LVS = Linke Verbstelle, MF = Mittelfeld, RVS = Rechte Verbstelle, NF = Nachfeld, SE = Satzeinleiterposition, VS = Verbstelle)

Das Modell weist mit dem in Geilfuß-Wolfgang und Ponitka (2020: Kap. 4) vorgeschlagenen Übereinstimmungen auf, eignet sich aber durch den Bereich des Außenfeldes dazu, Satzverbindungen und nicht satzgliedwertige Ausdrücke am linken Satzrand wie Anreden, Herausstellungen usw. (s. o.) zu erfassen. Zudem wird im PSM eine didaktisierte Terminologie verwendet: Statt den seit Höhle (2018) üblichen Bezeichnungen ‚FINIT' und ‚Verbalkomplex' werden die didaktisch intuitiveren Bezeichnungen ‚linke Verbstelle' und ‚rechte Verbstelle' bzw. ‚Verbstelle' (bei Verbendsätzen) gewählt. Damit wird genauso zum Ausdruck gebracht, (i) dass dies keine Satzglieder beherbergenden Felder, sondern anders beschaffene Strukturpositionen sind und (ii) dass an diesen Stellen ausschließlich das finite Verb bzw. Verbformen stehen können. Zudem knüpfen die Begriffe (iii) an die räumliche Orientierung im Satz an, sodass sich die Felderstruktur anschaulich erschließen lässt. Schließlich ist das verwendete Modell (iv) niederschwellig, da es unabhängig von Begriffen wie ‚finit' oder ‚Verbalkomplex' konzipiert ist.

Des Weiteren weist das PSM eine Satzeinleiterposition (SE) anstelle des Bereichs ‚Satzeinleitende Konstituente (SK)' bei Geilfuß-Wolfgang und Ponitka (2020: Kap. 4) auf. Dies hat zwei Gründe. Zum einen erinnert das Kürzel SK stark an die im uniformen Feldermodell übliche Satzklammer[9]; die Klammer

---

9   In der Sache wäre dies nicht ganz falsch; Gallmann (2015: 18) zeigt, dass die linke Klammer im uniformen Modell deutlich stärker als die rechte tatsächlich satz- und nicht verbbezogen ist: Sie sei „der formal-syntaktische Kern des ganzen Satzes", während die rechte Klammer „die eigentliche Prädikatsstelle" darstelle.

wäre in diesem Fall aber nur einteilig und damit defektiv. Zum anderen sind Subjunktionen als Belegungen dieser Stelle gerade keine Konstituenten ihres Nebensatzes im üblichen Sinne, d. h. keine verschiebbaren und erfragbaren Konstituenten mit Satzgliedfunktion (siehe Pittner & Berman 2021: Kap. 2.3; Geilfuß-Wolfgang & Ponitka 2020: 94). Relativ- und Interrogativpronomen als Satzeinleiter wiederum sind Konstituenten mit Satzgliedfunktion. Mit der neutralen Bezeichnung ‚Satzeinleiter' kann man in einem weiteren Schritt diese Unterscheidung einführen und besprechen. Die Analyse der Satzeinleiter in einer gemeinsamen Satzeinleiterposition verdeutlicht zudem, dass sich Satzeinleiter unabhängig von ihrem Satzgliedstatus topologisch gleich verhalten.

Das PSM macht die drei topologischen Satztypen Verbzweit-, Verberst- und Verbendsatz transparent. Anhand des Modells können Lernende direkt erkennen, dass bei V1- und VE-Sätzen im Unterschied zu V2-Sätzen kein Vorfeld vorhanden ist. Zudem ist anhand des Modells die Belegungsmöglichkeit der Satzklammer in Abhängigkeit vom jeweiligen Satztyp ersichtlich: Bei V1- und V2-Sätzen wird die Satzklammer aus der linken Verbstelle und der rechten Verbstelle gebildet, bei VE-Sätzen besteht die Satzklammer aus der Satzeinleiterposition und der einzigen Verbstelle.

Wie sich mit dem PSM komplexe Sätze analysieren lassen, wird anhand folgender Beispiele deutlich:

			Satzklammer			
V2-Satz	**AF**	**VF**	**LVS**	**MF**	**RVS**	**NF**
S_0	–	Ich	weiß	nicht,	–	S_1
VE-Satz	**AF**	**SE**		**MF**	**VS**	**NF**
S_1	–	ob		täuschende Geister um diese Gegend	schweben	–

Tab. 1-17: PSM, Satzgefüge mit nachgestelltem NS

Die erste Analysezeile enthält den Hauptsatz S_0 *Ich weiß nicht, ob täuschende Geister um diese Gegend schweben*, wobei der im Nachfeld des Hauptsatzes eingebettete Nebensatz *ob täuschende Geister um diese Gegend schweben* durch den Platzhalter S_1 angezeigt wird. Bei der topologischen Analyse ist darauf zu achten, dass der Nebensatz auch dann im Nachfeld steht, wenn die rechte Verbstelle nicht besetzt ist. Dies kann mit Hilfe der Perfektprobe einsichtig gemacht werden. Setzt man den Hauptsatz ins Perfekt, wird die rechte Verbstelle durch das Partizip Perfekt belegt, sodass die Nachfeldstellung des Nebensatzes deutlich wird. In der zweiten Analysezeile wird der eingebettete Nebensatz S_1 topologisch analysiert. Zusätzlich wird aus dem Schema ersichtlich, dass es sich bei dem Hauptsatz S_0 um einen V2-Satz und bei dem Nebensatz S_1 um einen VE-Satz handelt.

Im Unterschied zum Reihungs- und Treppenmodell wird zunächst deutlich, dass der V2-Satz S_0, der zugleich der Hauptsatz ist, nicht nur aus der Sequenz *Ich weiß nicht* besteht, sondern zudem auch den VE-Satz S_1 als Nachfeld umfasst. Damit wird den Lernenden klar, dass der Hauptsatz nicht nach der Negationspartikel *nicht* abbricht und der VE-Satz somit ein zum Hauptsatz gehörender Objektsatz ist. Zugleich wird der Einbettungsgrad des Nebensatzes anhand der Platzierung direkt im Feld des Hauptsatzes transparent: Der VE-Satz steht im NF des Hauptsatzes; damit handelt es sich um einen Nebensatz der ersten Einbettungsebene. Die Einbettungsebene kann zusätzlich durch die Nummerierung expliziert werden, indem Nebensätze der ersten Ordnung wie im Beispiel mit ‚1' markiert werden. Die topologische Analyse des VE-Nebensatzes findet dann in einer weiteren Zeile des Analyseschemas statt.

Analog lassen sich Satzgefüge mit vorangestelltem Nebensatz analysieren:

V2-Satz	AF	VF	Satzklammer			NF
			LVS	**MF**	**RVS**	
S_0	–	S_1	sagte	er	–	–
S_1	–	Sie	sei	nicht mehr jung	–	–

Tab. 1-18: PSM, Satzgefüge mit vorangestelltem NS

Die erste Analysezeile beginnt mit dem V2-Hauptsatz, d. h. dem Satz, der selbst kein Teil eines übergeordneten Satzes ist, und nicht mit dem vorangestellten Nebensatz. Dadurch erhalten Lernende einen direkten Überblick über die Einbettungsstruktur des Hauptsatzes und können sich insbesondere bei komplexen Satzgefügen direkt über den Inhalt des Hauptsatzes orientieren, was ein Verstehen der gesamten Bedeutungsstruktur des Satzes erleichtern kann. Die Analyse zeigt ferner, dass es sich bei dem Nebensatz im VF um einen V2-Satz handelt. Die topologische Struktur dieses V2-Nebensatzes ersten Grades wird dann in der folgenden Analysezeile zugänglich.

1.2 Beschreibungsmodelle komplexer Sätze

Wie sich ein Satzgefüge mit mehreren Nebensätzen vom Grad 1 und mit Nebensätzen vom Grad 2 analysieren lässt, zeigt folgendes Beispiel:

				Satzklammer			
V2-Satz	**AB**	**VF**	**LVS**	**MF**		**RVS**	**NF**
S_0	-	Die alberne Figur, $S_{1.1}$	solltest	du		sehen	$S_{1.2}$
VE-Satz	**AB**		**SE**	**MF**		**VS**	**NF**
$S_{1.1}$	-		die	ich		mache	S_2
$S_{1.2}$	-		da	du es sonst nicht		glauben könntest	-
S_2	-		wenn	in Gesellschaft von ihr		gesprochen wird	-

Tab. 1-19: PSM, Satzgefüge mit NS des ersten und zweiten Grades

Im VF des V2-Hauptsatzes findet sich ein VE-Attributsatz, der in seinem Nachfeld einen weiteren VE-Konditionalsatz enthält. Zudem weist der V2-Hauptsatz im NF einen zweiten VE-Nebensatz auf. Der jeweilige Einbettungsgrad kann wiederum über die Nummerierung der Nebensätze kenntlich gemacht werden: Der VE-Attributsatz hat die Nummer 1.1, was ihn als ersten Nebensatz vom Grad 1 ausweist. Dementsprechend hat der VE-Kausalsatz im Nachfeld die Nummer 1.2, da es sich hierbei um den zweiten Nebensatz vom Einbettungsgrad 1 handelt. Bei dem VE-Konditionalsatz im Nachfeld des VE-Nebensatzes 1.1 handelt es sich somit um einen Nebensatz vom Grad 2, was entsprechend durch seine Nummer 2 angezeigt werden kann.

Die didaktischen Vorteile einer topologischen Analyse komplexer Sätze werden somit klar: Das topologische Modell zeigt die lineare Abfolge der Teilsätze sowie deren interne topologische Struktur. Die hierarchische Struktur der Teilsätze wird als rekursive Einbettungsstruktur dadurch erfasst, dass untergeordnete Sätze in einem Feld des übergeordneten Satzes stehen und selbst wieder untergeordnete Sätze in entsprechenden Feldern enthalten können. Zusätzlich kann die Nummerierung der Teilsätze dazu benutzt werden, den Grad der Einbettung relativ zum Hauptsatz anzuzeigen. Indem Nebensätze als Teilsätze des übergeordneten Satzes analysiert werden, können sie als zum Hauptsatz gehörende Satzglieder bzw. Attribute erkannt werden. Insbesondere ist der Hauptsatz mit dem Gesamtsatz identisch, womit dem Hauptsatzkonzept der Selbstständigkeit Rechnung getragen wird.

1.3 Zusammenfassung und Literaturhinweise

In diesem Kapitel wurden zunächst zentrale Begriffe zur Beschreibung komplexer Sätze eingeführt und differenziert: Hauptsatz, Nebensatz, Matrixsatz, Subordination, Satzgerüst, Koordination und Satzreihe. Darauf aufbauend wurden einige einschlägige linguistische Satzmodelle vorgestellt und reflektiert. Mit der Berücksichtigung hierarchischer, funktionaler und linearer Satzmodelle konnte ein breites Analysespektrum abgedeckt werden. In Abgrenzung zu linguistischen Satzmodellen wurden gängige didaktische Satzmodelle, wie das Reihungs- oder Verkettungsmodell, das Stufen- oder Treppenmodell, das Schachtel- oder Boxenmodell sowie das propädeutische Satztopologiemodell dargestellt und hinsichtlich ihres Beschreibungspotenzials bewertet.

Eine vertiefende Auseinandersetzung der hier vertretenen Haupt- und Nebensatzkonzeption findet sich bei Pafel (2011). Differenzierte Diskussionen linearer Satzmodelle des Deutschen liefern Pafel (2011), Wöllstein (2014) sowie Froemel (2020). Mit einer weiterführenden Analyse didaktischer Satzmodelle befassen sich beispielsweise Froemel (2020) und Metzger (2017).

1.4 Aufgaben

1. Analysieren Sie folgende Sätze im PSM:
   (1) Als Gregor Samsa eines Morgens aus unruhigen Träumen erwachte, fand er sich in seinem Bett zu einem ungeheuren Ungeziefer verwandelt.
   (2) Er lag auf seinem panzerartig harten Rücken und sah, wenn er den Kopf ein wenig hob, seinen gewölbten, braunen, von bogenförmigen Versteifungen geteilten Bauch, auf dessen Höhe sich die Bettdecke [...] kaum noch erhalten konnte.
   (3) Seine vielen, im Vergleich zu seinem sonstigen Umfang kläglich dünnen Beine flimmerten ihm hilflos vor den Augen.
   (Franz Kafka, *Die Verwandlung*)

2 Satzgefüge – prototypische und periphere Nebensätze

> Satzgefüge sind komplexe Sätze, in denen mindestens ein Teilsatz (der Nebensatz) einem anderen Teilsatz formal durch die Verbendstellung und/oder funktional als sein Satzglied(teil) untergeordnet ist. Prototypische Nebensätze sind formal und funktional untergeordnet: Sie haben Verbendstellung und sind Satzglieder oder Attribute. Nicht prototypische Nebensätze erfüllen entweder das formale Kriterium der Verbendstellung nicht und haben Verberst- oder Verbzweitstellung oder sie erfüllen das funktionale Kriterium nicht und sind keine Satzglieder bzw. Attribute. Semantisch-funktional gesehen erlaubt ein Satzgefüge, Informationen relativ zueinander zu gewichten und miteinander verknüpft darzustellen. Nebensätze sind innerhalb ihres Matrixsatzes interpunktorisch, in der Regel durch Kommata, gekennzeichnet.

Die Beziehung der Unterordnung (= Subordination) wird in der Forschungsliteratur unterschiedlich verstanden. In diesem Buch verstehen wir die Subordination mit Zifonun et. al. (1997: 2236) als „[d]as Verfahren der Einbindung von Nebensätzen" in komplexe Sätze. Bei dieser Einbindung wird ein Nebensatz durch die Verbendstellung formal gekennzeichnet und/oder übernimmt die Funktion eines Satzglieds oder Attributs.[10]

---

10 Verbendstellung wird auch als *formale Subordination* bezeichnet, während das Fungieren als Satzglied oder Attribut (was auch Erfragbarkeit, Umstellbarkeit und Ersetzbarkeit impliziert, vgl. Proben zur Satzgliedbestimmung, Geilfuß-Wolfgang & Ponitka 2020: Kap. 5.3) *Einbettung* oder *Integration* genannt wird; vgl. Zifonun et al. (1997), Pasch (2000) und Reich & Reis (2013).

2 Satzgefüge – prototypische und periphere Nebensätze

Subordiniert, d. h. Nebensätze, sind Teilsätze, die nicht nebengeordnete Teile eines komplexen Satzes sind.
- Ein prototypischer Nebensatz erfüllt zwei Kriterien:
  1. formal: Verbendstellung,
  2. funktional: Äquivalent eines Satzgliedes oder eines Attributs.
- Bei nicht prototypischen Nebensätzen wird eines der Kriterien nicht erfüllt, entweder das formale Kriterium (andere Verbstellung) oder das funktionale Kriterium (kein Äquivalent eines Satzgliedes bzw. eines Attributs).
- Wenn beide Kriterien nicht erfüllt sind, liegt kein Nebensatz vor.

(1) Ich gab ihr das Feuer, *das ihr junges Gesicht erhellte*, und fragte, *ob sie mich denn heiraten würde*.
(Max Frisch, *Homo Faber*)

(2) Ich habe immer gemeint, *du bist wütend auf mich*
(Max Frisch, *Homo Faber*)

(3) Paul erzählt von einer bahnbrechenden Erfindung, *was ihm aber niemand so recht glaubt*.

Die Nebensätze in (1) erfüllen beide Kriterien der Definition: Sie weisen Verbendstellung auf und sie sind ein Attribut- bzw. ein Objektsatz. Der Nebensatz in (2) erfüllt als Objektsatz nur das funktionale Kriterium, das formale Kriterium wird nicht erfüllt, da ein Verbzweitsatz vorliegt. Der Nebensatz in (3) erfüllt nur das formale Kriterium (Verbendstellung), hingegen nicht das funktionale: Es handelt sich um einen sogenannten weiterführenden Relativsatz.[11]

Per Definition nicht als Nebensätze betrachten wir die seltenen Fälle von illokutiv selbstständigen VE-Sätzen wie (4); vgl. auch D'Avis (2013; Beispiele von ihm) und Geilfuß-Wolfgang & Ponitka (2020: 65):

(4) a. Dass der überhaupt Klavier spielen kann!
    b. Wen die nicht alles kennt!

---

11 Ein ‚weiterführender Relativsatz' ist ein mit einem *w*-Relativpronomen eingeleiteter Relativsatz, der nur nachgestellt vorkommen kann und der kein Attribut ist, sondern der inhaltlichen Weiterführung des Geschehens dient, vgl. Holler (2013a: 266). Funktional sind weiterführende Relativsätze ähnlich den Hauptsätzen, (3) könnte als *Paul erzählt von einer bahnbrechenden Erfindung. Das glaubt ihm aber niemand so recht.* paraphrasiert werden.

Da sie nicht Teilsätze eines komplexen Satzes sind, sind sie keine Nebensätze.[12]

2.1 Form der Nebensätze

Prototypische Nebensätze weisen eine Endstellung des Finitums auf, wobei der Satz durch eine Subjunktion oder ein Relativpronomen bzw. Interrogativpronomen[13] eingeleitet ist.[14]

(5) Ich überlegte, *ob* ich nicht zu Bett gehen wollte.
(Max Frisch, *Homo Faber*)

(6) Mister Lewin wurde geradezu amüsant, *da* er den Wein nicht vertrug.
(Max Frisch, *Homo Faber*)

(7) a. Ich saß auf dem holpernden Karren, *der* mit nassem Kies beladen war.
b. Ich verstand nicht, *was* der Grieche redete.
c. Ich wusste nicht, *wie* er sich das vorstellte.
(Max Frisch, *Homo Faber*)

Subjunktionen lösen Verbendstellung aus und haben keine Satzgliedfunktion. Ob aber auch das Pronomen in (7) als ein Auslöser der VE-Stellung angesehen werden kann, ist umstritten. Zum einen sind Interrogativpronomen und mit den Relativpronomen weitgehend identische Demonstrativpronomen auch im VF oder MF von V2- und V1-Sätzen möglich, vgl. (8), während Subjunktionen ausschließlich die Satzeinleiter-Position besetzen können:

(8) a. *Wie* stellst du dir das vor?
b. Hast du *den* gesehen?

---

12   Solche VE-Sätze sind auch funktional den Hauptsätzen ähnlich: Wie bei unmarkierten V1- und V2-Hauptsätzen werden mit diesen VE-Sätzen Sprechakte wie das Ausdrücken von Verwunderung in (4), hier ein expressiver Sprechakt nach Searles (1976) Sprechakt-Klassifikation, getätigt.

13   Unter ‚Relativpronomen' subsumieren wir auch die Relativadverbien (*w*-Adverbien wie *wo* in *der Ort, wo er wohnt*), unter ‚Interrogativpronomen' die eingebettete Fragen einleitenden *w*-Pronomen und *w*-Adverbien: *wie, was, warum, wann* usw. (siehe Fuß & Geipel 2018: 49).

14   Auch infinite Teilsätze können, subjunktional eingeleitet oder nicht, als Satzglied- oder Attributsätze vorkommen; mehr dazu siehe Kapitel 5.

Zum anderen gibt es in süddeutschen Dialekten ein Lexem, die sog. ‚Relativsubjunktion' *wo*, das die VE-Stellung auslöst (vgl. Gallmann 2015: 20), vgl. (9a); bei Interrogativpronomen wie in (9b) tritt die Subjunktion *dass* zusätzlich auf:

(9)   a. […] mit dem kloana Prinzn, *der wo schlaft*, […]
       b. […] *wiaso dass* do jetz a Straßenlatern und an Laternenanzünder braucht.
         (Antoine de Saint-Exupéry, *Da kloa Prinz. Ins Bairische gebracht* von Gerd Holzheimer, München 2016)

Für solche Fälle wird vorgeschlagen, dass das Relativpronomen *der* bzw. das Interrogativadverb *wieso* im VF steht, wie das Pronomen im V2-Satz (8a), und die VE-Stellung durch *wo* bzw. *dass* ausgelöst wird. Im Hochdeutschen sei die entsprechende Position „ebenfalls vorhanden, aber lexikalisch leer" (Gallmann 2015: 20). Auch sind Pronomen in (7), genauso wie in (8), Satzglieder in ihren VE-Sätzen, was die Subjunktionen nicht sein können.

Es ist deshalb umstritten, ob Subjunktionen und Relativ- und Interrogativpronomen in VE-Sätzen gleich oder unterschiedlich zu analysieren sind (vgl. z. B. Gallmann (2015) für eine differenzierende Analyse auch für die Schule). Wir haben uns jedoch dafür entschieden, die Verbstellung konsequent als ausschlaggebend zu betrachten und das satzeinleitende Element bei VE-Sätzen einheitlich in der SE-Position zu analysieren. Hierfür gibt es sowohl theoretische als auch didaktische Gründe: Theoretisch gesehen scheint es uns sinnvoll, Pronomen in (10a) und (10b) topologisch unterschiedlich zu analysieren:

(10)   a. jemand, *der* gestern geimpft wurde …
        b. ob *der* gestern geimpft wurde …

In (10a) muss das Relativpronomen an der ersten Stelle im Relativsatz stehen, während das Demonstrativpronomen in (10b) auch an einer anderen Stelle im Mittelfeld erscheinen kann, z. B. *ob gestern **der** geimpft wurde*. Dies ist unabhängig von der Frage, ob mit *der* ein Lexem vorliegt oder mehrere, ein genuin topologischer Grund für unterschiedliche Analysen.

Didaktisch gesehen spricht für die Satzeinleiterposition, in der sowohl Subjunktionen als auch satzeinleitende Pronomen stehen können, dass Verbend-Sätze einheitlich dargestellt werden können. Dadurch fällt es den Schüler:innen und Studierenden unserer Erfahrung nach leichter, Verbend-Sätze zu erkennen und zu analysieren.

Während die Subjunktional-, Relativ- und *w*-Interrogativ-VE-Sätze in den Beispielen (5)–(7) oben formal subordiniert und eingebettet sind, zeigen die folgenden Beispiele (11a) und (11b), dass sowohl Relativ- als auch Subjunktionalsätze auch ohne Satzglied- bzw. Attributfunktion vorkommen können:

(11) a. Meine Großmutter hat einen armen Mann geheiratet, *worüber sich ihr Vater geärgert hat.*
      b. *Weil die Pflanzen erfroren sind:* Es hat heute Nacht (wohl) Frost gegeben.

Relativsätze wie in (11a) sind weiterführende Nebensätze: Sie können nur nachgestellt und weder im Vorfeld noch im Mittelfeld vorkommen; sie haben kein Bezugswort und sind nicht eingebettet, textfunktional ähneln sie eher Hauptsätzen (s. o.).

Werden Subjunktionalsätze anstatt ins Vorfeld in das Außenfeld gestellt, so sind sie ebenfalls keine Satzglieder. Man kann das daran erkennen, dass sie nicht ohne Weiteres im Vorfeld stehen und nicht erfragt werden können, vgl. (12'):

(12) a. #*Weil die Pflanzen erfroren sind*, hat es heute Nacht Frost gegeben.
      b. Warum hat es heute Nacht Frost gegeben? – #*Weil die Pflanzen erfroren sind.*

Die Sätze in (12) sind nicht ungrammatisch, dennoch sind sie aufgrund unseres Weltwissens abweichend: Ein *weil*-Satz mit der Adverbialfunktion benennt typischerweise den Grund eines Geschehens, der auch mit *warum* ...? erfragt werden kann. Ein *weil*-Satz ohne Satzgliedfunktion im Außenfeld hingegen benennt eine Begründung für eine Annahme, die im Satz geäußert wird: (11b) bedeutet: ‚Ich sehe, dass die Pflanzen erfroren sind, und aufgrund dieser Beobachtung schlussfolgere (und behaupte) ich, dass es nachts wohl Frost gegeben haben muss'.[15]

Auch V1- oder V2-Sätze können nach dem funktionalen Kriterium Nebensätze sein, vgl. (13)–(14):

---

15 Auch die sog. *weil*-V2-Sätze wie in (i) sind eindeutig nicht integriert. In der neueren Forschung wird dafür argumentiert, dass *weil*-V2-Sätze „unstrittig [...] parataktisch gefügt" (Reis 2013: 223) sind.
  (i) Es hat nachts Frost gegeben, *weil die Blumen sind ganz erfroren.*

(13) a. *Kräht der Hahn auf dem Mist*, ändert sich das Wetter oder es bleibt, wie es ist.
   b. Man hätte meinen können, *ich sei ein Gespenst*
   (Max Frisch, *Homo Faber*)

Der V1-Satz in (13a) steht im Vorfeld und hat die Funktion eines Konditionaladverbials, der V2-Satz in (13b) steht im Nachfeld und hat die Funktion eines Akkusativobjekts.

(14) a. Die Anrede ‚du' wird ab sofort kleingeschrieben, *vorausgesetzt sie steht nicht am Satzanfang.*
   b. *Vorausgesetzt die Anrede ‚du' steht nicht am Satzanfang*, wird sie ab sofort kleingeschrieben.

Pasch (2000) zeigt, dass bei Sätzen wie (14) ursprüngliche Partizipien wie *vorausgesetzt* (auch *angenommen* usw.) als Einleiter für Verbzweit-Sätze mit Satzgliedfunktion dienen: Der Verbzweitsatz in (14) kann im Vorfeld stehen (14b) und fungiert als ein Konditionaladverbial. Solche eingeleiteten Verbzweitadverbiale sind von dem Prototyp des Nebensatzes weit entfernt.

Einen Überblick über die Formtypen der Nebensätze gibt die folgende Tabelle:

	eingeleitet	Verbend	Satzglied/Attribut	Prototyp
subjunktionale NS	+	+	+ (/ -)	ja
Relativsätze und eingebettete *w*-Interrogativsätze	+	+	+ (/ -)	
V2-Einbettung	+	-	+ (/ -)	
V1-Konditionale	-	-	+ (/ -)	
V2-Objektsätze	-	-	+	nein

Tab. 2-1: Formtypen der Nebensätze

Didaktisch wichtig ist die Unterscheidung zwischen der Form (±Verbend) und der Funktion (±Satzglied/Attribut). Wie auch immer diese konkret unterrichtlich aufbereitet wird, sollte ein prototypischer Nebensatz als eingeleiteter

Verbend-Satz mit Satzgliedfunktion thematisiert werden, aber der abduktive Schluss, dass ein Nebensatz immer Verbendsatz sei, sollte vermieden werden. Die topologische Analyse eines Satzgefüges ist dabei hilfreich (→ Kap. 3).

2.2 Funktion der Nebensätze

Funktional gesehen sind Nebensätze prototypischerweise Satzglieder oder Attribute (d. h. sie sind streng genommen einem Ausdruck in ihrem Matrixsatz und nicht dem Matrixsatz selbst untergeordnet). Dabei kann man Funktions-Form-Korrelationen formulieren:

Als *Subjektsätze* und *Objektsätze* treten dieselben Formtypen auf: finite Subjunktionalsätze (15) bzw. (18), freie Relativsätze (16) bzw. (20),[16] Interrogativnebensätze (17) bzw. (19b) und infinite Sätze (18) bzw. (21) (vgl. Oppenrieder 2013 bzw. Pittner 2013a):[17]

(15) Nun fiel mir ein, *dass der Mann vor acht Tagen hatte taufen lassen.*
(16) *Wer stockt oder sich irrt*, kriegt eine Ohrfeige.
(17) *Ob er noch kommt*, ist nicht bekannt. (konstruiert)
(18) *Seine Freundin hier zu treffen*, erschreckte Paul. (Rapp & Wöllstein 2013: 340)
(19) a. Ich weiß wohl, *dass [/*ob] wir nicht gleich sind.*
    b. Ich [...] fragte sie, *ob [/*dass] sie Mutter von den Kindern wäre.*
(20) *Was ich von der Geschichte des armen Werther nur habe auffinden können*, habe ich mit Fleiß gesammelt.
(21) Ich schrieb dir neulich, [...] wie er mich gebeten habe, *ihn bald in seiner Einsiedelei oder vielmehr seinem kleinen Königreiche zu besuchen.*
(22) Ich weiß nicht recht, *warum ich aufstehe, warum ich schlafen gehe.*

Bei beiden funktionalen Typen ist in finiten Subjunktionalsätzen die Wahl der Subjunktion teilweise von der Verbbedeutung abhängig (vgl. 19).

---

16 Als freie Relativsätze werden Relativsätze mit einem *w*-Relativpronomen bezeichnet, die kein Bezugswort haben. Sie können als Satzglieder wie in (16) oder als weiterführende Relativsätze vorkommen.
17 Beispiele (15)–(29) stammen, wenn nicht anders angegeben, aus Johann Wolfgang v. Goethes *Die Leiden des jungen Werther*.

Ein schulisch seltener betrachteter funktionaler Nebensatztyp sind *Prädikativnebensätze* (vgl. Geist 2013); diese werden in der Regel als freie Relativsätze realisiert:

(23) Berlin wurde, *was es vorher schon war* – die gesamtdeutsche Hauptstadt.
(Geist 2013: 488)

Adverbialsätze haben vergleichsweise starke formale Varianz, es kommen subjunktional eingeleitete finite Verbend-Sätze (24), infinite Sätze (25) und V1-Sätze (26) vor, vgl. Pittner (2013b: 501):

(24) Seit einiger Zeit bin ich sehr artig, *weil ich doch nicht anders sein kann.*

(25) […] *wenn ich dir hätte vorschwatzen können, statt zu schreiben,* ich dich vielleicht bis an den morgen aufgehalten hätte.

(26) *Kräht der Hahn auf dem Mist*, ändert sich das Wetter oder es bleibt, wie es ist.
(Sprichwort)

Oft werden *Attributnebensätze* und Relativsätze gleichgesetzt. Dies ist eine abduktive Überdehnung eines Prototyps, denn tatsächlich sind *d*-Relativsätze wohl die prototypischen Attributsätze (Geilfuß-Wolfgang & Ponitka 2020: 52), vgl. (27):

(27) in dieser Gegend, *die für solche Seelen geschaffen ist wie die meine*

Aber auch infinite Nebensätze (28a), *w*-Interrogativsätze (28b), *w*-Relativsätze (28c) und konjunktional eingeleitete Sätze (28d) sowie V2-Sätze (28e) sind als Attribute möglich (vgl. Holler 2013b):

(28) a. Meine Freude, *bei Lotte zu sein*, ist hin.
b. Ich unterbrach den Strom ihrer Worte mit der Frage, *was das für eine Zeit war, in der er so glücklich war.*
(etwas verändert aus *Leiden des jungen Werther*)
c. um die Schublade, *wo Mama das Zuckerbrot hineingeschlossen hat*
d. Hier ist also nicht die Frage, *ob einer schwach oder stark ist.*

e. Der Gedanke, *seine Tochter könnte nie mehr befreit werden*, bekümmerte den Kaiser von Mandala.
(Holler 2013b: 527).

Bei all diesen funktionalen Typen kommen Korrelate vor, vgl. (29):

(29) a. In Brüssel wird *es* für sehr wahrscheinlich gehalten, *dass die Verhandlungen noch lange andauern würden*.
(Oppenrieder 2013: 377)
b. Die Besucher konnten *dabei* zuschauen, *wie mit historischen Geräten Flachs zu Leinen verarbeitet wurde*.
(Wegener 2013: 433)
c. *Wenn du hinaufsteigst auf den Berg, an einem schönen Sommerabende, dann* erinnere dich meiner.

Je nach Satztyp sind Korrelate optional oder obligatorisch (siehe z. B. Böttcher 2009: Kap. 11). Das Auftreten der Korrelate erschwert die funktionale Bestimmung: Darüber, ob nun das Korrelat, der Nebensatz oder die Kombination aus beiden beispielsweise das Subjekt in (29a) sei, lässt sich diskutieren (vgl. Paranhos Zitterbart 2013). Üblicherweise wird das Pronomen *es* bei nachgestellten Subjekt- (29a) und Objektsätzen als funktional leerer Platzhalter (Korrelat i.e.S.) gesehen: Da es nur bei der Nachstellung des Nebensatzes vorkommt und bei der VF-Platzierung verschwindet, kann es nicht die Satzgliedfunktion erfüllen:

(30) *Dass die Verhandlungen noch lange andauern würden*, wird in Brüssel für sehr wahrscheinlich gehalten.

Schwieriger ist es, klare Argumente für *das* und sog. Adverbkorrelate zu finden. Da diese im Vorfeld stehen können und der Nebensatz in diesem Fall, wie in (29c), im Außenfeld zu analysieren ist, spricht dies eher dafür, dass das vermeintliche Korrelat *dann* hier die Satzgliedfunktion trägt.

2.3 Stellung der Nebensätze

Allgemein kann man feststellen, dass Satzglied-Nebensätze im Vorfeld und im Nachfeld des sie einbettenden Satzes stehen können, teilweise auch im Mittelfeld. Sind sie keine Satzglieder, so stehen sie nachgestellt nach dem Nachfeld oder im Außenfeld, vgl. (31a) mit einem integrierten Konditionaladverbialsatz und (31b) mit einem nicht integrierten ‚Sprechaktkonditional' im Außenfeld:

(31) a. *Wenn er Hunger hat*, holt er sich das Essen aus dem Kühlschrank.
b. *Wenn Du Hunger hast*: Das Essen ist im Kühlschrank.

Bevor die Stellung der Nebensätze im Matrixsatz analysiert wird, ist es hilfreich, die Abfolgetendenzen der (nicht satzförmigen) Konstituenten im Mittelfeld zu betrachten, denn diese lassen sich auch auf die Nebensatzstellung anwenden:

Exkurs: Abfolgetendenzen im Mittelfeld

Es gibt klare Sprecherintuitionen darüber, dass die Sätze (1a)–(1d) zum einen alle grammatisch sind, zum anderen aber auch, dass sie nicht beliebig austauschbar sind:

(1) Ich habe gehört,
a. dass Hotzenplotz gestern der Oma eine Kaffeetasse gestohlen hat.
b. dass gestern Hotzenplotz der Oma eine Kaffeetasse gestohlen hat.
c. dass eine Kaffeetasse Hotzenplotz gestern der Oma gestohlen hat.
d. dass der Oma gestern Hotzenplotz eine Kaffeetasse gestohlen hat.

So passt (1c) eher als Antwort auf die Frage *Was hast Du gehört, hat Hotzenplotz der Oma ihre Kaffeemühle gestohlen?*, während (1d) intuitiv eher zur Frage nach dem Diebstahlopfer passt und nicht zu der nach dem Dieb oder der Beute. (1a) ist dabei die Variante, die als eine Antwort auf beide Fragen denkbar ist, aber auch als eine Antwort auf die ganz allgemeine Frage *Was gibt es Neues?* Das bedeutet, dass Satzglieder im MF unterschiedlich angeordnet werden können, dass es aber Anordnungen gibt, die nur unter bestimmten Bedingungen (z. B. Frage nach einer bestimmten Konstituente; Kontrast zu einer Kontext-Annahme) passend sind, und auch Anordnungen, die allgemein passend sind, wie (1a). Man spricht bei (1a) von einer am wenigsten spezifischen, *unmarkierten*, *Abfolge*.
Die Beobachtungen zu (1) wurden als morphologisch, syntaktisch, semantisch oder pragmatisch basierte Präferenzen für die Abfolge von Satzgliedern im Mittelfeld formuliert (siehe z. B. Wöllstein 2014: Kap. 3.4):

2.3 Stellung der Nebensätze

morphologische Tendenzen:
Pronomen >> Nomen und Nominalphrasen;
Pronomen im Nominativ >> Pronomen im Akkusativ >> Pronomen im Dativ;

(2) a. Ich weiß, dass er der Oma eine Kaffeetasse gestohlen hat.
b. Ich weiß, dass ihr Hotzenplotz eine Kaffeetasse gestohlen hat.
c. Ich weiß, dass er sie ihr gestohlen hat.

Syntaktische Tendenzen:
Subjekt >> Dativobj >> Akk.Obj (vgl. 1a)
Rahmensetzende Adverbiale >> (Subjekt) lokale und temporale Adverbiale (Objekte) >> modale Adverbiale:

(3) Ich weiß, dass damals$_{rahmen}$ Kinder$_{subj}$ morgens$_{temp}$ in der Schule$_{lok}$ ihr Frühstück$_{obj}$ selbst$_{mod}$ zubereiteten.

Semantische Tendenzen:
belebt > unbelebt;
Agens > Rezipient > Patiens
Die semantischen Tendenzen korrelieren oft mit den morphologischen und syntaktischen: Wie (1–3) zeigen, ist ein prototypisches Subjekt oft belebt und Agens. Ist ein Subjekt aber unbelebt und/oder kein Agens, kann es zur semantisch bedingten neutralen Abfolge kommen, die nicht der syntaktischen Tendenz entspricht, wie z. B. Objekt$_{belebt}$ >> Subjekt$_{unbel}$ in (4):

(4) Ich weiß, dass meinem Sohn dieser Fehler unterlaufen ist.

Textpragmatische Tendenzen:
bekannt > neu;
kurz > lang
Diese Tendenzen der Wortabfolge im Mittelfeld und allgemeiner im Satz sind dadurch bedingt, dass erstens Sätze in der Regel Teile von Texten sind und zweitens es allgemeine Präferenzen für die mentale Verarbeitung von Informationen gibt. Wir Sprecher:innen tendieren dazu, bekannte Informationen (sog. ‚Thema') vorne im Satz zu platzieren, neue / unbekannte / besonders relevante (sog. ‚Rhema') zum Satzende hin. Dies hat damit zu tun, dass bekannte Informationen in der Regel eine Brücke zu dem Text davor bilden: Sie sind eben deshalb bekannt, weil sie im vorausgehenden Text erwähnt sind. Zum anderen ist die neutrale, unmarkierte Satzintonation im Deutschen so, dass der Satzakzent auf das letzte Satzglied im MF fällt (die Betonung wird durch Unterstreichung gekennzeichnet), vgl. (5):

(5) Was gibt es Neues?
Hotzenplotz hat gestern der Oma eine K<u>a</u>ffeetasse gestohlen.

Ist die Rhema-Information an dieser Stelle, wird sie betont, ist so leichter zu erkennen und der Informationsgewinn für Zuhörer:innen ist höher. Auch ist es für uns einfacher, Sätze zum Verstehen in handliche Portionen aufzuteilen, was dazu führt, dass längere Konstituenten gern abgetrennt und ins NF oder zumindest ans Ende des Mittelfelds gestellt werden.

Dies bedeutet keineswegs, dass Sätze **immer** diesen Tendenzen entsprechend formuliert werden oder es sollen – sondern nur, dass Sätze, die nicht den Tendenzen entsprechen, mehr oder weniger stark *markiert* sind. Die Markiertheit bedeutet, dass sie zusätzliche Bedeutung mit sich tragen, wie z. B. eine kontrastierende Hervorhebung des Objekts *eine Kaffeetasse* in (1c) oben. Natürlich kann in einem bestimmten Kontext gerade ein markierter Satz besonders gut passen: Denn so kann bereits durch den Satzbau eine bestimmte, spezifische Lesart des Satzes, eine spezifische Informationsgewichtung nahegelegt werden.

Dasselbe betrifft nicht nur die Abfolge der Satzglieder im Mittelfeld, sondern auch die Vorfeld-Besetzung: Die Stellung einer Konstituente ins Vorfeld, die weder das Subjekt noch ein Kommentaradverbial oder ein Orts- oder Zeitadverbial (siehe Geilfuß-Wolfgang & Ponitka 2020: 112 ff.) ist, ist markiert, kann aber in einem geeigneten Kontext die bevorzugte sein, vgl. (6), wo die VF-Stellung des Objekts dieses hervorhebt und somit die gestellte Frage gezielt beantwortet:

(6) Wem hat Hotzenplotz nun was gestohlen?
Der <u>O</u>ma hat er auf jeden Fall eine T<u>a</u>sse gestohlen.

Auch die sog. ‚Inversion' oder ‚Anastrophe' in der lyrischen Sprache (Bußmann 2008: 80) ist syntaktisch gesehen die Wahl einer markierten Satzstruktur:

(7) Warum verschweigst du deine Herkunft ihm?
(J. W. v. Goethe, *Iphigenie auf Tauris*)

Hier wird gegen die oben beschriebene Tendenz verstoßen, Pronomen voranzustellen; die neutrale Abfolge wäre *Warum verschweigst du ihm deine Herkunft?* Lesende mögen selbst beurteilen, welche Wirkung das Abweichen von der unmarkierten Abfolge hier hat.

Zurück zu den komplexen Sätzen. Auch für diese gibt es bestimmte Stellungspräferenzen im Matrixsatz, die man auf die oben genannten Tendenzen rückbeziehen kann. Generell ist die am wenigsten markierte Stellung für Nebensätze das Nachfeld: Alle Nebensätze ohne Ausnahme sind im Nachfeld (oder zumin-

2.3 Stellung der Nebensätze

dest hinter der Verbstelle)[18] möglich. Dies folgt aus der allgemeinen Tendenz, längere Satzglieder nachzustellen. Darüber hinaus kann festgehalten werden:

- Subjekt-Nebensätze tendieren dazu, im Vor- oder im Nachfeld zu stehen und das Mittelfeld zu meiden[19], vgl. (32) und (33).

(32)   *Dass es im Winter schneit*, steht nicht von vornherein fest.
       (Zeitungsbeleg zitiert nach Axel-Tober 2013: 248, Bsp. 3a)
(33)   Offen kann (es) hingegen bleiben, *ob es im Winter schneit*.

Da Subjekte generell ins Vorfeld tendieren, längere Ausdrücke aber ins Nachfeld, sind hier zwei gegenläufige Tendenzen am Werk, sodass Subjektsätze im Vor- (32) und im Nachfeld (33) relativ unmarkiert sind. Steht der Subjektsatz im Nachfeld, tritt oft ein Korrelat-*es* im Vorfeld oder im Mittelfeld auf (siehe z. B. Böttcher 2009: Kap. 11).

- Objekt-Nebensätze tendieren ebenfalls dazu, im Vorfeld oder im Nachfeld zu stehen und das Mittelfeld zu meiden. Dabei sind sie im Nachfeld unmarkiert wie in (34), in der Vorfeld-Stellung aber hervorgehoben, vgl. (35):

(34)   Sie konnten nicht ahnen, *wessen Rechte sie verletzt hatten*.
(35)   *Dass es im Winter schneit*, wusste die Bahn wohl nicht.

- integrierte Adverbial-Nebensätze haben die höchste Stellungsfreiheit in ihrem Matrixsatz. Sie können im Vorfeld, Mittelfeld und Nachfeld stehen:

(36)   Er [...] betrachtete seine Arbeit mit Vergnügen, *als ein Gärtner hinzutrat*.

---

18   Ob es tatsächlich immer NF ist oder ob es sinnvoll ist, hier auch zwischen den integrierten NS im NF und den nicht integrierten im ‚rechten Außenfeld' (Zifonun et al. 1997), ‚Nachnachfeld' (Gallmann 2015) o.Ä. zu unterscheiden, ist umstritten; siehe z. B. Wöllstein (2014: Kap. 4.6) oder Averintseva-Klisch (2015). Wir haben uns in Bezug auf die Schule gegen eine weitere Differenzierung des Bereichs nach der RVS entschieden.

19   Nur die freien Relativsätze mit Subjekt- und Objektfunktion sind relativ unproblematisch im Mittelfeld, vgl. (i):
     (i) Denn leider muss, *wer schön sein will*, doch häufig leiden.

(37) *Als er aber zum Schreibtisch ging* [...], trat ihm sogleich wieder der traurige Zustand des trefflichen Mannes entgegen.
(J. W. v. Goethe, *Wahlverwandtschaften*)
(38) Der Tanz war noch, *als plötzlich ein Gewitter ausbrach*, im vollen Gange.

Dabei ist die Stellung im Nachfeld wiederum die unmarkierte. Ein Adverbialsatz im Vorfeld ist oft besonders hervorgehoben, z. B. kontrastierend und/oder einen neuen Textabschnitt einleitend wie in (37). Adverbialsätze ohne Satzgliedfunktion können nicht im Vorfeld stehen; im Mittelfeld sind sie nur parenthetisch möglich. Je nach Satztyp und seiner Semantik können sie im Außenfeld stehen oder nachgestellt; dies ist z. B. bei konsekutiven *so-dass*-Sätzen der Fall.

▶ Attribut-Sätze können zusammen mit ihrem Bezugswort im Vorfeld oder im Mittelfeld auftreten (39); unter bestimmten Bedingungen können sie auch allein im Nachfeld stehen, während das Bezugswort im Mittelfeld steht (vgl. Holler 2013b: 531 f.), wie in (40):

(39) a. [Meine Freude, *bei Lotte zu sein,*]$_{VF}$ ist hin.
b. nur dass [mir bei jedem Schnittchen, *das sie einer unbescheidenen Nachbarin ehrenhalber zuteilte*, ein Stich durchs Herz]$_{MF}$ ging.
(40) Wenn ich [...] manchmal mit ihnen die Freuden genieße, [*die den Menschen noch gewährt sind.*]$_{NF}$
(J. W. v. Goethe, *Die Leiden des jungen Werther*)

2.4 Zwischenfazit

Wie oben gezeigt, beinhalten Satzgefüge mindestens einen Nebensatz, d. h. einen formal und/oder funktional untergeordneten Teilsatz. Die typischen Nebensätze sind dabei die Verbendgliedsätze oder die Verbendattributsätze. Sie sind formal und funktional untergeordnet, d. h. haben Verbendstellung und eine Satzglied- oder Attributfunktion und stehen im Vorfeld, Mittelfeld oder Nachfeld. Es gibt aber auch Nebensätze, die nur formal oder nur funktional untergeordnet sind.

Das bedeutet, dass sich auch für das Satzgefüge, genauer, für die Satzverknüpfung allgemein, das Verständnis als eine prototypenorientierte „Kategorie mit unscharfen Rändern" anbietet, das für Wortarten in Geilfuß-Wolfgang und

Ponitka (2020: Kap. 2.4) erläutert wurde. Die relevanten Merkmale sind die *Verbstellung* (+/– VE) und die *Abhängigkeit von einem Element im Satz* (+/– syntaktische Funktion: Satzglied/Attribut):

	+ Satzglied	– Satzglied
+ VE	VE-Gliedsätze VE-Attribute	*so-dass*-Sätze u.Ä. weiterführende RS
– VE	V1-Konditional V2-Objekt-/Attributsätze *vorausgesetzt*-Sätze u.Ä.	*Koordination* (→ Kap. 4)

Tab. 2-2: Teilsatztypen

Exkurs: Direkte und indirekte Rede
Es stellt sich die Frage, ob direkte (1) oder indirekte (2) Redewiedergabe auch als ein Fall der Subordination anzusehen sind:

(1)   a.   *„Du bist verrückt!"*, sagte sie leise.
       b.   Sie rief: *„Hör auf!"*.
(2)   *Ich sei verrückt*, sagte sie leise.

Für eine Analyse als Subordination spricht, dass die wiedergegebene Rede semantisch gesehen die Valenzstelle des Redeverbs füllt: In (1) und (2) ist es das Gesagte, d. h. semantisch vergleichbar und direkt austauschbar mit dem direkten Objekt *das* in (3):

(3)   Das sagte sie leise.

Es gibt jedoch Argumente dagegen. Erstens, die direkte Rede und auch die indirekte Rede wie in (2) ist formal völlig eigenständig, das heißt, die Form der Rede wird nicht vom Verb regiert (bestimmt). Während z. B. Objektsätze, wenn sie nicht eingeleitete Verbendsätze sind, zwingend Verbzweit sein müssen, vgl. (4), gibt es hier keinerlei formale Beschränkungen; auch V1-, VE-Sätze und nicht-satzwertige Einheiten sind möglich, vgl. (5):

(4)   a.   Sie sagte, *ich sei verrückt*. (auch ok: ... *dass ich verrückt sei*)
       b.   Sie fragte leise, **sei ich verrückt*. (nur ok: ... *ob ich verrückt sei*)
(5)   a.   *Ist er verrückt*, wunderte sie sich.
       b.   *Ob er denn verrückt sei / Deshalb sei er wohl verrückt*, merkte sie an.
       c.   *Wozu das Ganze*, wunderte sie sich.

Zweitens, die Redeeinleitung wird offensichtlich an einer beliebigen Stelle in die Redewiedergabestruktur parenthetisch eingeschoben, vgl. (6):

(6) a. Deshalb sei er schon seit langem seltsam, *sagte sie*.
b. Deshalb, *sagte sie*, sei er schon seit langem seltsam.
c. Deshalb sei, *sagte sie*, er schon seit langem seltsam.
d. Deshalb sei er, *sagte sie*, schon seit langem seltsam.

Somit ist direkte Rede syntaktisch keine Satzverbindung im eigentlichen Sinne. Bei direkter und indirekter Rede kann syntaktisch gesehen die Redeeinleitung, vor allem wenn sie im Mittelfeld steht, am ehesten als ein parenthetischer Einschub analysiert werden.

2.5 Satzgefüge und Interpunktion

Wie schon in Kapitel 1 dargelegt, sind komplexe Sätze nicht nur syntaktische, sondern auch (prosodische bzw.) graphematische Einheiten. In der Schrift wird ihr Ende mit einem Satzendezeichen markiert, während sie intern mit syntaktischen Zeichen (Bredel 2011) Komma, Doppelpunkt und Semikolon strukturiert werden:[20]

(41)   Unter einem Holunderbaume, der aus der Mauer hervorgesprossen, fand er ein freundliches Rasenplätzchen; da setzte er sich hin und stopfte eine Pfeife von dem Sanitätsknaster, den ihm sein Freund, der Konrektor Paulmann, geschenkt.
(E.T.A. Hoffmann, *Der goldne Topf*)

Laut Bredel (2011) dienen die syntaktischen Interpunktionszeichen primär der syntaxgeleiteten Strukturierung der schriftlichen Einheiten bei der Sprachverarbeitung (sog. ‚Parsing'). Denn im Default-Fall wird beim Lesen jede Wort-

---

20 Bredel (2011, 2016) zeigt überzeugend, dass nur Punkt, Komma, Doppelpunkt und Semikolon ‚syntaktische Interpunktionszeichen' im obigen Sinne sind. Der Gedankenstrich, der Apostroph, die Auslassungspunkte, die Klammern und die Anführungszeichen können zwar satzintern und das Ausrufe- und das Fragezeichen am Satzende auftreten, ihre primären Funktionen sind aber nicht das Kennzeichen syntaktischer Gegebenheiten, sondern kommunikativ-pragmatischer Kategorien wie z. B. Status als Wissender, Brechen mit der Erwartung usw. Sekundär können diejenigen kommunikativen Zeichen, die einen Punkt beinhalten, also Fragezeichen, Ausrufezeichen, Auslassungspunkte, die syntaktische Grenze, d. h. das Satzende, markieren, dies ist jedoch nicht ihre primäre Funktion. Deshalb wird auf diese Zeichen hier nicht eingegangen.

form mit den bisher gelesenen Wortformen zu einer Phrase verbunden: z. B. *mit* in (42a) wird automatisch als der Beginn der PP *mit dem Kind* gelesen, die als komitatives Adverbial verstanden und mit *spielt* zu einer VP verbunden wird:

(42) a. [Satz Sie spielt [mit dem Kind PP] ...
Adverbial

Das *Komma* dient als eine „Subordinationsblockade" (Bredel 2011: Kap. 7), in dem Sinne, dass sie solche Default-Anbindung unterbricht, so dass *mit* in (42b) nicht mehr zu einer PP mit *dem Kind* verbunden wird; durch das Komma wird hier eine Teilsatzgrenze zwischen *mit* und *dem Kind* markiert; zwischen *dem Kind* und *sagt* ist kein Komma, sodass *dem Kind* als von *sagt* regiert und damit zu einer Einheit verbunden verstanden wird:

(42) b. [Sie spielt mit Satz1], [Satz2 dem Kind sagt sie nichts]
Objekt

Das Komma kennzeichnet also, dass zwar die absolute Satzgrenze noch nicht erreicht wurde (in Bredels Worten ist die Blockade „reversibel"), links und/oder rechts vom Komma aber eine fertige syntaktische Einheit existiert: Trennt das Komma zwei Teilsätze voneinander, so ist die Blockade global (43), trennt sie einen Satz von einer nicht-satzwertigen Struktur (44) oder gleichwertige koordinierte Einheiten, so ist die Blockade lokal:

(43) a. Peter randaliert, [bis alles in Scherben liegt]_NS.
 b. Der Junge, [der bei seiner Tante wohnt]_NS, ist nicht gekommen.
 c. Sie trinkt Bier, aber er trinkt Wein.
(44) a. *Peter,* komm bitte her! (**Anrede**, *syntaktisch nicht Teil des Satzes*)
 b. Peter ist im Urlaub, *und zwar in Berlin.* (**Nachtrag**, *syntaktisch nicht Teil des Satzes*)

Der *Punkt* dient ebenfalls als eine Subordinationsblockade, aber als eine irreversible: Er zeigt an, dass das syntaktische Parsing zu Ende ist und die so entstandene Einheit unabhängig davon, ob sie ein syntaktischer Satz ist oder nicht, verarbeitungstechnisch als ein Satz zu behandeln ist und an das textuelle Parsing, also eine Ebene höher, weiterzugeben ist:

(45) a. Der Mensch denkt. Gott lenkt.
 b. Schön. Der Mensch denkt.

Syntaktisch besteht zwischen den Einheiten, die ein Punkt trennt, keine Beziehung mehr. So kann in (45a) *Gott lenkt* nicht als Objekt des Verbs *denkt* verstanden werden. Die durch Kommata getrennten Einheiten können in einer syntaktischen Beziehung zueinander stehen, deshalb ist das Komma prädestiniert dafür, Nebensatzgrenzen zu markieren.

Ein **Satzgefüge** wird graphematisch durch einen Punkt oder ein punktehaltiges Zeichen, das seine Funktion übernehmen kann (Ausrufe- und Fragezeichen) abgeschlossen. Die Grenzen der Nebensätze werden in der Regel durch Kommata markiert.

Für die Schriftsprache bilden Sätze wie (46) einen besonderen Fall:

(46) Finn und Fine haben sich den Namen ausgedacht. Weil sie so gerne Seegurkensalat essen.
(Der erste Piratenschultag; aus *Vorlesegeschichten mit den Inselpiraten Finn und Fine*, www.gesundes-boot.de/startseite)

Hier entspricht der Punkt als eine graphematische Satzgrenze nicht dem durch die Struktur nahegelegten Ende des syntaktischen Parsings, bei dem der Kausalsatz als Adverbial eigentlich verrechnet werden sollte. Eine solche Struktur ist deshalb markiert und wirkt als ein Stilmittel zur Imitation der gesprochenen Sprache oder zum emotionalen Schreiben.

Im Zusammenhang mit komplexen Sätzen ist insbesondere die Kommasetzung anzusprechen, da diese eine notorische Fehlerquelle bildet (z. B. Pießnack & Schübel 2005). Ein Grund kann sein, dass das Komma diachron gesehen einer Grammatikalisierung von intonatorischem zu grammatisch fundiertem Zeichen unterlag (Afflerbach 2001); als solches verlangt es eine syntaktische Setzungsstrategie, die das routinisierte Erkennen der syntaktischen Strukturen beim Schreiben voraussetzt. Die Kommadidaktik ermöglicht es dennoch oft nicht, diesen Bezug zu bilden, da vielfach eine Auflistung von teilweise intonatorisch basierten Einzelregeln die Systematik verdunkelt (Bredel 2016: 18; Esslinger 2016: 215).

Gerade für die Kommasetzung in komplexen Sätzen eignen sich daher klar syntaxbasierte systematische didaktische Modellierungen wie z. B. das Königreich-Modell (Lindauer & Sutter 2005; Lindauer 2011): Hierbei werden Verben als Könige dargestellt, die zusammen mit ihren Untertanen, d. h. den jeweiligen Satzgliedern, Königreiche bilden. Kommata werden in diesem Ansatz als ‚Grenzsteine' zwischen zwei Königreichen gesehen, wobei das eine Königreich auch eine ‚Enklave' in dem anderen, d.h einen eingeschobenen Nebensatz, bilden kann (vgl. auch das Boxenmodell, Abschnitt 1.2.2):

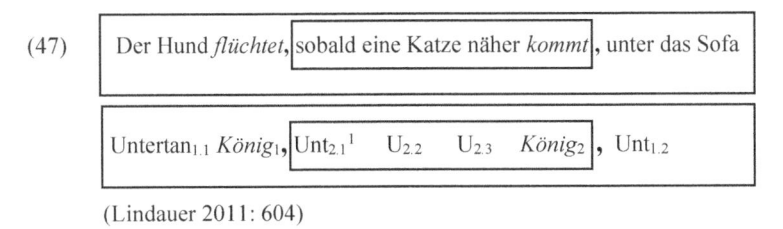

(47) | Der Hund *flüchtet*, | sobald eine Katze näher *kommt* | , unter das Sofa |

| Untertan$_{1.1}$ *König$_1$*, | Unt$_{2.1}$¹ | U$_{2.2}$ | U$_{2.3}$ | *König$_2$* | , Unt$_{1.2}$ |

(Lindauer 2011: 604)

Da das topologische Modell die Verben ebenfalls hervorhebt und die satzinternen Satzgrenzen durch die Felderaufteilung visualisiert, ist es auch gut geeignet, um den Zusammenhang zwischen der Satzstruktur und der Kommasetzung zu vermitteln (siehe Bredel 2015; Froemel 2020: Kap. 10.2.2). So ist die Grenze zwischen dem Vorfeld und der linken Verbstelle in Verbzweitsätzen eine „kommarelevante Stelle" (Bredel 2015: 211): Hier kann, muss aber nicht, ein Komma stehen: Es steht genau dann, wenn im Vorfeld ein Teilsatz steht, d. h. eine Einheit, die eine eigene topologische Satzstruktur hat (eine eigene Zeile in der Tabelle belegt). Ist die Einheit im Vorfeld kein Satz, so wird nicht kommatiert, egal, wie lang diese Einheit ist. Zwischen dem Außenfeld und dem folgenden Satz hingegen wird immer interpunktiert; hier sind neben Komma auch ein Doppelpunkt und ein Gedankenstrich möglich.

2.6 Funktional-stilistische Aspekte

Ein Satzgefüge hat stets funktional-stilistische Aspekte: Ein HS hat eine eigene Illokution, während ein prototypischer NS keine eigene sprachliche Handlung ausführen kann und sein Informationsgehalt als funktional abhängig präsentiert wird. Durch die HS/NS-Unterscheidung erfolgt also eine Gewichtung und eine In-Bezug-zueinander-Setzung der Information in den Teilsätzen.

Deshalb eignet sich das Thema Satzgefüge sehr gut für einen integrativen Unterricht (→ Kap. 3.5). Bei nicht-literarischen Texten kann darüber gesprochen werden, ob das vorliegende ‚Vertextungsmuster' oder die Textsorte und die Wahl einer hypotaktischen Satzverbindung zueinander passen oder ob eine Satzreihe besser passen würde (vgl. Eroms 2009: 1598). Laut Eroms ist beispielsweise für das Vertextungsmuster *Erklären* mit seinen kausalen und konditionalen Verknüpfungen ein Satzgefüge die prädestinierte Form, da hier diese Zusammenhänge direkt sprachlich expliziert werden:

(48) Man beobachtet Blitze als zuckende Lichtbögen. Dieser Effekt kommt dadurch zustande, dass der Blitz aus verschiedenen Phasen besteht, bei denen sich Entladungen und Ruhepausen abwechseln. Je nachdem, wie weit das Gewitter entfernt ist, folgt darauf mehr oder weniger direkt der Donnerschlag. Bekanntlich bewegen sich Schallwellen viel langsamer fort als Licht. Sind Blitz und Donner fast gleichzeitig wahrnehmbar, befindet sich das Gewitter direkt über dem Ort.
(https://www.helles-koepfchen.de/gewitter-blitz-und-donner-verhalten.html)

Für die Erklärung davon, was Blitz und Donner sind, sind drei der vier Sätze Satzgefüge mit attributiven Relativsätzen, welche die für die Erklärung relevanten Eigenschaften der Objekte nennen, und mit konditionalen und modalen Adverbialsätzen, die die argumentativen Zusammenhänge explizieren.

Ebenfalls sind lange Satzgefüge für juristische Fachsprache typisch, für die es wichtig ist, „komplexe, aufeinander bezogene Sachverhalte so zum Ausdruck zu bringen, dass eine eindeutige Auslegung möglich ist" (Eroms 2009: 1602). Hierbei steht die Eindeutigkeit einer komplexen Darstellung jedoch in einem Spannungsverhältnis zur Verständlichkeit. Für die zum einen auf eine begrenzte Zeichenanzahl ausgerichtete, zum anderen in einer der konzeptionellen Mündlichkeit nahen Situation erfolgende sms-Kommunikation sind hingegen kurze Sätze ohne Satzgefüge typisch (Eroms 2009: 1598).

In literarischen Texten kann die Entscheidung für lange Satzgefüge vs. Reihen von komplexen Sätzen starke stilistische Wirkung und so Implikationen für die Interpretation haben; dies wird exemplarisch und konkret unterrichtsbezogen z. B. in den Beiträgen in *Praxis Deutsch* 172 ausgearbeitet.

2.7 Zusammenfassung und Literaturhinweise

Satzgefüge haben wir als komplexe Sätze definiert, die mindestens einen Teilsatz (einen Nebensatz) beinhalten, der einem anderen Teilsatz oder einem Ausdruck in diesem formal und/oder funktional untergeordnet ist. Wir haben dafür plädiert, den Nebensatz als eine prototypenbasierte Kategorie zu definieren, wobei bestimmte formale und funktionale Typen stärker bzw. weniger prototypisch sind. Satzgefüge haben einen klaren funktionalen Aspekt, indem sie Informationen gewichten und explizit miteinander verknüpfen. Mit dem PSM kann die Struktur von Satzgefügen anschaulich dargestellt werden, was auch für die Kommasetzung in Satzgefügen hilfreich sein kann.

Alle Syntaxeinführungen befassen sich auch mit Satzgefügen, exemplarisch sei Pittner & Berman (2021: Kap. 7) genannt. Böttcher (2009: Bd. 3) gibt einen ausführlichen Überblick über die Satzgefüge. Zu empfehlen sind Beiträge in Meibauer, Steinbach & Altmann (2013), die sich systematisch mit formalen und funktionalen Aspekten der Satztypen befassen; insbes. Reich & Reis (2013) zu der Koordination und Subordination allgemein; Oppenrieder (2013) zu Subjektsätzen, Breindl (2013), Pittner (2013a) und Wegener (2013a und b) zu Objektsätzen; Holler (2013a und b) zu Relativ- bzw. Attributsätzen; Rapp & Wöllstein (2013) zu satzwertigen *zu*-Infinitiven.

2.8 Aufgaben

1. Bestimmen Sie für alle Nebensätze in (1) den jeweiligen Formtyp sowie ob die Nebensätze jeweils Satzglieder oder Satzgliedteile sind:
   (1) Nach den strengen Kontaktsperren der letzten Wochen streitet Deutschland darüber, wie es weitergehen soll. Man fragt sich, sollte der Staat zur Eindämmung der Epidemie auf die Mobilfunkdaten der Bürgerinnen und Bürger zugreifen können? Sollten die Jüngeren mehr Freiheiten haben als die Älteren, damit sich diese nicht anstecken? Informiert die Politik ausreichend über das, was passiert? (leicht verändert aus einem *Zeit*-Artikel)
2. Bestimmen Sie bei den kursivierten Teilsätzen die Form (Stellung des finiten Verbs) und die Funktion (Satzglied- bzw. Attributwert). Wo liegen prototypische Nebensätze vor? Führen Sie eine topologische Analyse von dem zweiten und dritten Satz in (2) durch.
   (2) Das Ausbleiben von Studierenden aus dem Ausland hat im Wintersemester 2020/21 für einen Rückgang der Erstsemesterzahlen gesorgt. So entschieden sich nur noch knapp 56.800 Studierende, *sich erstmalig an einer Hochschule in Baden-Württemberg einzuschreiben, wie das Statistische Landesamt am Mittwoch in Stuttgart mitteilte. Wird dieser Trend anhalten,* bekommen Hochschulen ein Problem.

3. Erläutern Sie, warum im ersten Satz in (2) oft ein Komma nach *Ausland* gesetzt wird und wieso genau dies normwidrig ist.
Bestimmen Sie alle Relativsätze in (3) sowie alle Attributsätze. Warum ist die Unterscheidung Relativsatz vs. Attributsatz sinnvoll?

(3) Der Planet solle sich nicht um mehr als 1,5 Grad erhitzen. Damit halten die Parteien an dem Symbolwert der Klimapolitik fest, der seit dem Pariser Klimavertrag von 2015 die Debatte bestimmt. Doch wer nachrechnet, stellt schnell fest: Schon bei der Zielsetzung, wie viele Treibhausgase in den kommenden Jahren ausgestoßen werden sollen, geht die 1,5-Grad-Rechnung bei einigen Parteien gar nicht erst auf. […] Einige bleiben bei der Behauptung, es sei bis heute nicht nachgewiesen, dass der Mensch für den Wandel des Klimas maßgeblich verantwortlich ist. (leicht verändert aus einem *Zeit*-Artikel)

3 Satzgefüge – ein funktional orientierter Unterrichtszugang

> Der hier vorgestellte funktional orientierte Unterrichtszugang zu Satzgefügen geht von semantischen, informationsstrukturellen und stilistischen Funktionen von Satzgefügen innerhalb eines konkreten kommunikativen Zusammenhangs aus: Satzgefüge drücken inhaltliche Relationen aus, geben weiterführende Informationen an und bestimmen, klären und präzisieren Ausdrücke näher. Diese funktionalen Aspekte werden in Sprachbetrachtungssituationen reflektiert, die durch Distanzierung, Deautomatisierung und Dekontextualisierung von Satzgefügen gekennzeichnet sind. Sprachbetrachtungssituationen lassen sich durch verschiedene Methoden wie Textvergleich, Textverfremdung oder szenische Verfahren erzeugen. Über ihre Funktion werden die formalen Aspekte von Satzgefügen fokussiert, induktiv erarbeitet und systematisiert. Dabei wird die Struktur von Glied- und Attributsätzen in einem für die Schule adaptierten topologischen Modell, dem propädeutischen Satztopologiemodell, festgehalten. Auf dieser topologischen Grundlage können die Einbettungsstruktur von Satzgefügen erkannt sowie Bezüge zur Interpunktion hergestellt werden.

Satzgefüge, die im letzten Kapitel besprochen wurden, sind ein sprachliches Phänomen, das sich sehr gut für einen funktionalen Unterrichtszugang eignet. Deswegen werden wir im Folgenden am Beispiel der Satzgefüge grundlegende Überlegungen zum funktionalen Grammatikunterricht anstellen und einige exemplarische Anregungen zur konkreten Unterrichtsgestaltung machen. Wie in der Einleitung gesagt, können diese Überlegungen aber auch auf andere Bereiche der Syntax (nicht nur komplexer Sätze) leicht übertragen werden.

Als Voraussetzung einer unterrichtlichen Sprachreflexion über Satzgefüge muss zunächst eine **Sprachbetrachtungssituation** initiiert werden, in der Satzgefüge zum Gegenstand der Sprachaufmerksamkeit werden. Allgemein lassen sich Sprachbetrachtungssituationen durch drei zentrale Aspekte kennzeichnen (Bredel 2013: 23 ff.):

- ▶ Zunächst ist für eine Sprachbetrachtungssituation die *Distanzierung* des Betrachters von dem jeweiligen sprachlichen Phänomen konstitutiv. Nur

auf dieser Grundlage kann das sprachliche Phänomen dem Betrachtungssubjekt als Betrachtungsobjekt gegenwärtig werden.
▶ Zudem sind Sprachbetrachtungssituationen durch eine *Deautomatisierung* sprachlicher Prozesse gekennzeichnet. Nur dadurch, dass die ansonsten automatisiert und ohne besondere Aufmerksamkeit ablaufenden sprachlichen Prozesse wie Sprachproduktion und Sprachrezeption unterbrochen werden, können sprachliche Phänomene fokussiert bzw. zum Gegenstand der Sprachaufmerksamkeit werden.
▶ Schließlich wird das sprachliche Phänomen *dekontextualisiert*, indem es durch seine Reflexion aus dem jeweiligen sprachlichen Kontext herausgelöst wird.

Damit ergibt sich das didaktische Desiderat, durch Distanzierung, Deautomatisierung und Dekontextualisierung eine Sprachbetrachtungssituation zu schaffen, in der das jeweilige grammatische Phänomen hinsichtlich seiner funktionalen und formalen Merkmale reflektiert werden kann.

Im Folgenden werden konkrete Möglichkeiten vorgestellt, wie sich sprachliche Kontexte herstellen lassen, in denen sich bestimmte grammatische Aspekte komplexer Sätze (insbes. von Satzgefügen) funktional reflektieren und fokussieren lassen. Dieser funktionale Ansatz bietet die Chance, dass die Schüler:innen das bestimmte grammatische Phänomen selbstständig entdecken können und dass dieses für sie eine unmittelbare Relevanz und Bedeutsamkeit erlangt (vgl. Köller 1997: 31). Methodisch lassen sich funktionale Sprachbetrachtungssituationen beispielsweise durch die Kontrastierung von Texten initiieren. Dabei können Textstellen oder Formulierungsvarianten kontrastiv verglichen werden, um in der vergleichenden Reflexion das sprachliche Phänomen als Unterscheidungsmerkmal der Varianten herauszustellen. Schließlich ermöglichen es verfremdete Texte, auf bestimmte sprachliche Phänomene aufmerksam zu werden. Ein verfremdeter Sprachgebrauch lässt sich beispielsweise durch Isolation, durch überraschende Kontexte oder durch ungewöhnliche Gebrauchsweisen des jeweiligen grammatischen Phänomens erreichen. Demnach entsteht hier die Sprachbetrachtungssituation durch eine Diskrepanzerfahrung zwischen implizitem Sprachwissen und dem dysfunktionalen Sprachbeispiel (vgl. Einecke 2013: 170; Köller 1997: 29). Zentral ist, dass dadurch das jeweilige grammatische Phänomen unabhängig von einem Rekurs auf fachsprachliche Termini, allein durch allgemeine Operatoren wie ‚beobachten', ‚vergleichen' oder ‚beurteilen' in seiner Funktionalität für den jeweiligen sprachlichen Zusammenhang selbstständig erkannt werden kann (vgl. Einecke 2013: 169; Stammel 2005: 42 f.).

Mit der Frage, wie die jeweilige grammatische oder kommunikative Funktion sprachlich realisiert wird, wird die funktionale um die formale Perspektive erweitert, sodass Form-Funktions-Zusammenhänge bei komplexen Sätzen thematisiert werden können. Dabei wird das konzeptuelle Verständnis des reflektierten sprachlichen Phänomens durch zunehmende Abstraktionsprozesse induktiv weiter ausgebaut, die sich beispielsweise mittels operativer Verfahren, Hypothesenbildung oder eigener Textproduktionen sowie Textüberarbeitung initiieren lassen (vgl. Einecke 1995: 71; Köller 1997: 29). Dadurch wird ein genetischer Lernprozess angeregt, bei dem es nicht auf die direkte Übernahme eines fertigen Kategoriensystems ankommt, sondern eine sukzessive Systematisierung sprachlicher Phänomene im Vordergrund steht (vgl. Köller 1997: 30). Dazu bietet sich das topologische Feldermodell an, mit dem es möglich wird, fachsprachlich-explizites Wissen zu entwickeln, um auf grammatische Kategorien und Strukturen deklarativ und in unterschiedlichen sprachlichen Kontexten analytisch zugreifen zu können (vgl. Bredel 2013: 109 f.).

Um deklaratives Wissen zu festigen, prozedurales Wissen anzubahnen, Problemlösungswissen zu fördern und um metakognitives Wissen zu vertiefen (Einecke 1995: 58, 64 f.; Ossner 2008: 32), wären die hier dargelegten Unterrichtshinweise um geeignete Transferaufgaben zu erweitern. Geeignet erscheinen dazu kombinierte Aufgabenformate, die Textanalyse oder Textproduktion mit Sprachreflexion verbinden.

3.1 Satzgefüge als Lerngegenstand

Mit Satzgefügen als Lerngegenstand lassen sich Kompetenzen unterschiedlicher Kompetenzbereiche fördern und stärken. Zunächst kann ein kontrolliertes Verfügen über formale Muster beim schriftsprachlichen Handeln vermittelt werden (Bredel 2013: 154, Peyer 2011: 56). Diese Muster können dazu eingesetzt werden, um Texte stilistisch variationsreich zu gestalten oder um inhaltliche Zusammenhänge prägnant auszudrücken. Insbesondere kann die Verwendung von Satzgefügen sowohl bei der Korrektur und Textüberarbeitung als auch im Hinblick auf die Passgenauigkeit zur jeweiligen Textsorte thematisiert werden (Peyer 2011: 120). Damit können Kenntnisse zu Satzgefügen zur Förderung der Schreibkompetenz beitragen.

Mit der Frage nach den formalen Grundlagen der genannten funktionalen Aspekte rückt die grammatische Struktur von Satzgefügen in den Fokus. Indem wichtige grammatische Konzepte wie beispielsweise der Nebensatzbegriff im Zusammenhang mit der topologischen Konzeption des Verbendsatzes sowie der jeweiligen syntaktischen Funktion reflektiert werden, können wichtige Kompetenzen für das Erkennen sprachlicher Einheiten sowie für das analytische Beschreibungs- und Begriffswissen gefördert werden.

Darauf aufbauend lässt sich die Interpunktion bei Satzgefügen begrifflich fassen und somit die Interpunktionskompetenz stärken.

Insgesamt kann eine Reflexion über Satzgefüge dazu beitragen, Einsichten in die Sprach- und Schriftstruktur zu ermöglichen, Form-Funktions-Bezüge offenzulegen und damit einen Beitrag zur Sprachbewusstheit leisten. Wie sich die genannten Kompetenzen im Unterricht fördern lassen, soll im Folgenden konkretisiert werden.

3.2 Struktur von Gliedsätzen

Die Struktur von Nebensätzen lässt sich in einer geeigneten Sprachbetrachtungssituation reflektieren. Diese kann beispielsweise über einen Vergleich zweier Texte initiiert werden, wobei nur einer der beiden Texte Nebensätze beinhaltet. Da es sich bei Gliedsätzen und Attributsätzen um Nebensätze mit unterschiedlichem syntaktischem und semantischem Status handelt, erscheint zunächst eine Beschränkung der Nebensätze auf Gliedsätze sinnvoll. Als Ausgangstexte eignen sich insbesondere erklärende Texte, die eine ausgeprägte hypotaktische Struktur aufweisen. Es lassen sich jedoch auch narrative Texte verwenden, die gegebenenfalls didaktisch bearbeitet werden müssen, wie das folgende Beispiel zeigt:

(1) a. **Text 1 (mit Adverbialsätzen)**
Es war ein Mann mit drei Söhnen. Er besaß nichts anderes als sein Haus. Nun hätte jeder Sohn gerne nach seinem Tode das Haus gehabt. Der Vater aber wollte keinen bevorzugen, **da ihm jeder so lieb wie der andere war**. Verkaufen mochte er das Haus nicht, **weil es von seinen Voreltern war**, sonst hätte er das Geld unter sie geteilt.

b. **Text 2 (ohne Adverbialsätze)**
Es war ein Mann mit drei Söhnen. Er besaß nichts anderes als sein Haus. Nun hätte jeder Sohn gerne nach seinem Tode das Haus gehabt. Der Vater aber wollte keinen bevorzugen. Verkaufen mochte er das Haus nicht, sonst hätte er das Geld unter sie geteilt. (mod. nach J. u. W. Grimm, *Die drei Brüder*)

Mit allgemeinen Überlegungen darüber, welcher Text besser gelungen ist und woran das liegen könnte, lässt sich eine Sprachreflexion anbahnen. Dabei kann herausgestellt werden, dass im Text mit den Satzgefügen inhaltliche Zusammenhänge ausgedrückt werden und weiterführende Informationen gegeben sind. Eine genaue Klassifikation und Differenzierung der semantischen Relationen zwischen Nebensatz und Hauptsatz kann an dieser Stelle noch unterbleiben, da hier die grundlegende Funktionalität von Nebensätzen im Vordergrund steht.

In einem zweiten Schritt kann jetzt reflektiert werden, mit welchen sprachlichen Mitteln genau die inhaltlichen Zusammenhänge und die weiteren Informationen im Text realisiert bzw. ausgedrückt werden. Durch den Textvergleich wird klar, dass es sich um eine Funktion der Nebensätze handelt.

Nachdem die Nebensätze im Zuge der funktionalen Überlegungen als sprachliche Einheiten fokussiert sind, können jetzt Formmerkmale der Nebensätze in den Blick genommen werden. Indem die Nebensätze hinsichtlich der Satzeinleiter und der Stellung des konjugierten Verbs verglichen werden, lässt sich induktiv erkennen, dass die Nebensätze demselben Strukturmuster folgen, welches als VE-Satz bestimmt werden kann.

Zur Unterstützung dieses Erkenntnisprozesses können die Lernenden selbst Hauptsätze mit vorgegebenen Subjunktionen zu einem Satzgefüge verknüpfen, um so mittels eigener Textproduktion die prototypische Stellung von Satzeinleitern und konjugierten Verben in Nebensätzen zu erkennen.

Soll der Fokus direkt auf die prototypische Form von Nebensätzen gelegt werden, bietet sich eine Sprachbetrachtungssituation an, in der ein Text durch Nebensätze ergänzt werden muss. Diese sind allerdings in ungeordnetem Zustand gegeben, sodass bei der Vervollständigung des Textes das implizite Sprachwissen zum Gegenstand expliziter Reflexionsprozesse werden kann.

3 Satzgefüge – ein funktional orientierter Unterrichtszugang

(2) **Text mit Auslassungen**
Es war ein Mann mit drei Söhnen. Er besaß nichts anderes als sein Haus. Nun hätte jeder Sohn gerne nach seinem Tode das Haus gehabt. Der Vater aber wollte keinen bevorzugen, _____1_____. Verkaufen mochte er das Haus nicht, _____2_____, sonst hätte er das Geld unter sie geteilt.

1: ihm / da / jeder / so / lieb / war / andere / der / wie
2: es / von / weil / seinen / war / Voreltern

Nachdem die Lernenden das vorgegebene Sprachmaterial zu sinnvollen Nebensätzen geformt und damit die entsprechende Textlücke gefüllt haben, lassen sich die ergänzten Nebensätze vergleichen (1a). Dabei werden die zentralen Formmerkmale prototypischer Nebensätze herausgearbeitet. Nebensätze beginnen mit einer Subjunktion und enden jeweils mit dem finiten Verb. Diese Erkenntnisse lassen sich durch die Einführung des topologischen Satzmusters für VE-Sätze begrifflich bündeln und veranschaulichen, sodass explizites fachsprachliches Wissen entsteht.

Alternativ kann das VE-Strukturmuster prototypischer Nebensätze auch szenisch erschlossen werden. Dazu repräsentieren die Lernenden einzelne Wörter, indem sie entsprechende Wortkärtchen erhalten. Sie finden sich zunächst als zwei getrennte Hauptsätze zusammen. Ein weiterer Schüler wird dazu aufgefordert, die beiden Hauptsätze mit einer Subjunktion, die ebenfalls von einem Schüler repräsentiert wird, zu verbinden. Dabei wird anschaulich, dass das finite Verb an das Satzende gestellt werden muss und die Subjunktion den angebundenen Satz einleitet.

Das propädeutische Satztopologiemodell (PSM) bietet sich didaktisch an, um die VE-Struktur prototypischer Nebensätze adäquat zu erfassen (vgl. auch Froemel 2020: Kap. 9):

		Satzklammer		**Satzklammer**	
		SE	MF	VS	NF
(2)	a.	da	ihm jeder so lieb wie der andere	war	–
	b.	weil	es von seinen Voreltern	war	–

Tab. 3-1: VE-Satzmuster als prototypisches Nebensatzmuster

3.2 Struktur von Gliedsätzen

Die Satzklammer markiert mit der Satzeinleiterposition SE und der (in diesem Fall einzigen) Verbstelle VS die zentralen Positionen, die zu einer Identifikation von Nebensätzen beitragen. In der Satzeinleiterposition sind die nur in Nebensätzen auftretenden Einleitungselemente wie Subjunktionen und Relativelemente platziert. Die für Nebensätze typische Verbendstellung wird durch die einzige Verbstelle nach dem Mittelfeld fokussiert.

Mit der Identifikation von Nebensätzen durch das topologische VE-Muster kann auch auf das nicht immer zielführende Selbstständigkeitskriterium für Nebensätze verzichtet werden. Nach diesem sind Sätze, die nicht selbstständig verwendet werden können, als Nebensätze zu klassifizieren. Die Problematik liegt in einer abduktiven Überdehnung des Kriteriums, da es sich bei einer nicht selbstständig verwendbaren Satzsequenz nicht automatisch um einen Nebensatz handeln muss.

(3) a. Ich wusste nicht, wie er sich das vorstellte
    b. Weil es heute Nacht Frost gegeben hat, sind die Pflanzen erfroren.

Die Sequenz *Ich wusste nicht* (3a) bildet keinen selbstständigen Satz, sodass sie nach dem Selbstständigkeitskriterium für Nebensätze als Nebensatz aufzufassen wäre. Ebenso kann die Sequenz *sind die Pflanzen erfroren* (3b) nicht selbstständig verwendet werden und müsste demzufolge einen Nebensatz darstellen (vgl. auch ähnliche Kritik des Selbstständigkeitskriteriums in Granzow-Emden 2020). In beiden Fällen handelt es sich jedoch nicht um einen Nebensatz, sondern um das Hauptsatzgerüst, was mit der topologischen Analyse sichtbar werden kann.

Der Einsatz des topologischen Feldermodells kann darüber hinaus eine reflektierte Anwendung des Verbstellungskriteriums fördern. Nebensätze, bei denen das Nachfeld besetzt ist, weisen streng genommen keine Verb*letzt*stellung auf. Eine Fokussierung auf das Verbstellungskriterium kann dadurch zu Unsicherheiten bei der Bestimmung von Nebensätzen führen. Dieser Problematik wirkt das topologische Modell entgegen, indem das Nachfeld als fester Bestandteil von Nebensätzen kenntlich gemacht wird.

Zudem entstehen durch die vorliegende Konzeption der Satzeinleiterposition keine obligatorisch leeren Felder, die bei Nebensätzen entstünden, wenn man auch bei Nebensätzen das Vorfeld und die linke Satzklammer beibehalten würde (→ Kap. 1).

Schließlich ist mit dem Begriff der Satzeinleiterposition der topologische Bereich der subjunktionalen bzw. pronominalen Einleitungselemente prägnant erfasst, ohne dass von einer begrifflich unklaren ‚Verschmelzung' von Vorfeld und linker Verbstelle gesprochen werden müsste (vgl. Granzow-Emden 2019: 67; Metzger 2017: 113). Mit der Konzeption der Satzeinleiterposition als topologischem Ort für Satzeinleiter wird von konkreten Signalwörtern abstrahiert, sodass die Identifikation von Nebensätzen kategorial, d. h. anhand der Kategorie der Satzeinleiter, erfolgt und nicht an das Auftreten bestimmter Signalwörter gebunden ist.

Zudem wären periphere Nebensätze zu berücksichtigen, die nicht die Form eines VE-Satzes haben, aber in ihrer Funktion dennoch einem Satzglied oder einem Gliedteil entsprechen. Mit dem topologischen Feldermodell können sie aufgrund ihrer Vorfeldfähigkeit als eingebettete Sätze nachgewiesen werden (→ Kap. 2). Schließlich sollte auch auf Nebensätze verwiesen werden, die nicht durch einen Satzeinleiter eingeleitet werden wie beispielsweise Infinitivsätze. Diese syntaktische Besonderheit lässt sich mit dem VE-Muster dahingehend erfassen, dass die Satzeinleiterposition leer bleibt.

Um dem Fehlschluss vorzubeugen, dass jeder Nebensatz ein VE-Satz ist, werden auch konditionale V1- und V2-Objektsätze didaktisch relevant. Konditionale V1-Sätze finden sich beispielsweise gehäuft in Sprichwörtern:

(4) **Konditionale V1-Sätze**
  a. *Pocht das Glück an*, soll man ihm auftun.
  b. *Fällt der Karren einmal um*, heb ihn wieder auf und fahr immer unverzagt fort.
  c. *Kräht der Hahn auf dem Mist*, ändert sich das Wetter oder es bleibt, wie es ist.
  (Sprichworte der Welt: sprichworte-der-welt.de/deutsche_ sprichworte/ deutsche_sprichworte_22.html)

In einem Reflexionsgespräch sollte zunächst die semantische Struktur der Sprichwörter herausgearbeitet werden. Vergleicht man die Sprichwörter, so lässt sich das analog realisierte Konditionalschema erkennen: Zunächst wird jeweils die Bedingung und danach die zugehörige Folge formuliert.

Mit dem Auftrag, die Sätze so umzuformulieren, dass die Bedingungsstruktur besonders hervorgehoben wird, gelangen die Lernenden zu der Erkenntnis, dass die V1-Bedingungssätze durch konditionale *wenn*-VE-Sätze ersetzt werden können:

(5) **Konditionale VE-Sätze**
  a. *Wenn das Glück anpocht*, soll man ihm auftun.
  b. *Wenn der Karren einmal umfällt*, heb ihn wieder auf und fahr immer unverzagt fort.
  c. *Wenn der Hahn auf dem Mist kräht*, ändert sich das Wetter oder es bleibt, wie es ist.

Im Analogieschluss wird jetzt deutlich, dass die V1-Bedingungssätze dieselbe syntaktische Funktion wie die VE-Konditionalsätze aufweisen und damit eingebettete Nebensätze darstellen, die aber keine VE-Form aufweisen.

V2-Objektsätze lassen sich beispielsweise in literarischen Texten finden:

(6) a. Man hätte meinen können, ich sei ein Gespenst.
    (Max Frisch, *Homo Faber*)
  b. Man hätte meinen können, _____ (ich / dass / sei / ein Gespenst)

Ein Reflexionsgespräch kann beispielsweise dadurch angestoßen werden, dass die Lernenden einen didaktisch modifizierten Satz (6b), bei dem der Objektsatz getilgt ist, unter Angabe der einzusetzenden Wörter auf mindestens zwei verschiedene Arten ergänzen sollen.

(7) a. Man hätte meinen können, dass ich ein Gespenst sei.
  b. Man hätte meinen können, ich sei ein Gespenst.

Mit den beiden Formulierungsvarianten (7a) und (7b) wird ersichtlich, dass es sich bei dem V2-Satz analog zum *dass*-VE-Satz um einen eingebetteten Objektsatz handelt.

Alternativ wäre auch denkbar, die beiden Satzvarianten direkt anzugeben und mit dem Reflexionsimpuls zu verbinden, für welche Variante sich die Lernenden anstelle des Autors entschieden hätten. Nach der Auflösung, für welche Variante sich der Autor entschieden hat, können mit der Impulsfrage, was diese Variante im Vergleich zu einer anderen Variante leistet, weiterführend funktionale Aspekte thematisiert werden.

Mit dem topologischen Feldermodell wird die Einbettungsstruktur ebenfalls deutlich.

	VF	LVS	Satzklammer MF	RVS	NF
(8a)	Pocht das Glück an,	soll	man ihm	auftun	–
(8b)	Ich sei ein Gespenst	hätte	man	meinen können	–

Tab. 3-2: Nicht-eingeleitete NS

Der Vorfeldtest zeigt, dass sowohl V1-Konditionalsätze (8a) als auch V2-Objektsätze (8b) im Vorfeld des jeweiligen Hauptsatzes stehen können und damit Satzglieder sind.

V1-Konditionale können zusammen mit V2-Objektsätzen demnach didaktisch dazu eingesetzt werden, um den abduktiven Schluss, ein Nebensatz sei immer ein VE-Satz, zu vermeiden.

3.3 Struktur von Attributsätzen

Attributsätze bilden einen weiteren Progressionsschritt bei der unterrichtlichen Behandlung von Nebensätzen. Die Funktion von Attributsätzen lässt sich analog zu adverbialen Nebensätzen über kontrastierende Texte vergleichend erschließen. Um das Attributsatzkonzept an einer einheitlichen Satzform zu entwickeln, kann man sich zunächst auf attributive Relativsätze als prototypische Attributsätze beschränken. Dieses ist jedoch durch Attributsätze mit weiteren attributiven Satzeinleitern oder uneingeleiteten Attributsätzen zu erweitern (→ Kap. 2.2).

Durch den Vergleich zweier Texte – einmal mit und einmal ohne attributive Relativsätze – kann verdeutlicht werden, dass attributive Relativsätze den Inhalt der zugehörigen Nominalgruppe näher bestimmen, indem sie weitere Informationen liefern (appositiver Relativsatz) oder die Bedeutung klären und präzisieren (restriktiver Relativsatz, Holler 2013a). Als geeignete Textsorte bieten sich beispielsweise beschreibende Texte an. Indem die attributiven Relativsätze getilgt werden, liegt keine adäquate Beschreibung mehr vor, sodass bei einer Reflexion der sprachlichen Gründe für das Misslingen der Beschreibung die Funktion von attributiven Relativsätzen in den Vordergrund rückt.

Die unterrichtliche Behandlung attributiver Relativsätze lässt sich jedoch auch wie bei der Erarbeitung von Gliedsätzen an einen narrativen Text anschließen, indem ein Text mit attributiven Relativsätzen (9a) einem entsprechenden Text ohne attributive Relativsätze (9b) kontrastierend gegenübergestellt wird:

(9) a. **Text 1 (mit Attributsätzen)**
Es war ein Mann, **der drei Söhne hatte**. Er besaß nichts anderes als das Haus, **in dem er wohnte**. Nun hätte jeder gerne nach seinem Tode das Haus gehabt. Dem Vater aber war einer so lieb wie der andere, sodass er keinen bevorzugen wollte. Verkaufen wollte er das Haus nicht, weil es von seinen Voreltern war, sonst hätte er das Geld unter ihnen geteilt.
b. **Text 2 (ohne Attributsätze)**
Es war ein Mann. Er besaß nichts anderes als das Haus. Nun hätte jeder gerne nach seinem Tode das Haus gehabt. Dem Vater aber war einer so lieb wie der andere, sodass er keinen bevorzugen wollte. Verkaufen wollte er das Haus nicht, weil es von seinen Voreltern war, sonst hätte er das Geld unter ihnen geteilt.
(vgl. J. und W. Grimm, *Die drei Brüder*)

Durch die Kontrastierung der beiden Texte entsteht eine Sprachbetrachtungssituation, in der die attributive Verwendung von Relativsätzen fokussiert wird.

Im weiteren Progressionsverlauf wird die Struktur von attributiven Relativsätzen geklärt. Die analoge topologische Struktur von attributiven Relativsätzen und Gliedsätzen lässt sich anhand eines Vergleichs auf der Grundlage des topologischen Modells erarbeiten. Der Vergleich ergibt, dass das konjugierte Verb bei beiden Nebensatztypen in der Verbstelle auftritt und bei attributiven Relativsätzen anstatt einer Subjunktion eine verweisende Einheit die Satzeinleiterposition einnimmt (→ Kap. 1.2.3):

SE	Satzklammer		NF
	MF	VS	
sodass	er keinen	bevorzugen wollte	–
weil	es von seinen Voreltern	war	–
der	drei Söhne	hatte	–
in dem	er	wohnte	–
Subjunktion, Relativpronomen		**finites Verb und infinite Verben**	

Tab. 3-3: Analoge Felderanalyse von Attributsätzen und Adverbialsätzen

Die Subjunktionen *sodass* und *weil* sind wie die Relativa *der* und *in dem* auf die Position des Satzeinleiters festgelegt. Beide Einheiten stehen damit aufgrund ihrer Stellungseigenschaften in der Satzeinleiterposition, und zwar unabhängig vom unterschiedlichen Satzgliedstatus des Einleitungselements. Die finiten Verben der Gliedsätze *wollte* und *war* stehen ebenso in der Verbstelle wie die finiten Verben der Attributsätze *hatte* und *wohnte*. Dies verdeutlicht, dass beide Nebensatztypen dasselbe VE-Strukturmuster aufweisen, welches formale Subordination signalisiert.

Der verweisende Charakter des Relativelements kann durch einen Pfeil ausgehend vom Relativelement hin zum Bezugsnominal verdeutlicht werden:

(10)   Er besaß nichts anderes als **das Haus**, *in dem* er *wohnte*.

Mit der Pfeilsymbolik wird klar, dass das Relativum auf das Nomen *Haus* verweist, dessen Bedeutung durch den attributiven Relativsatz präzisiert wird.

Auf dieser Grundlage kann das Attributsatzkonzept, das bislang *d*-Relativsätze umfasst, auf weitere Attributsatztypen wie infinite Nebensätze, *w*-Interrogativsätze, *w*-Relativsätze, subjunktional eingeleitete Sätze und V2-Sätze erweitert werden. Dazu bietet sich eine analoge Vorgehensweise zu den prototypischen Nebensätzen an. Durch didaktisch modifizierte Texte werden die genannten Formtypen über ihre semantische Funktion fokussiert und ihre formalen Besonderheiten geklärt. Durch ihre Darstellung mit dem Feldermodell kann explizit-fachsprachliches Wissen zum linearen Aufbau von Nebensätzen angebahnt werden.

3.4   Einbettungsstruktur von Satzgefügen und Interpunktion

Der zentrale Strukturaspekt von Satzgefügen ist ihre Einbettungsstruktur (→ Kap. 2). Eine Sprachbetrachtungssituation, in der die Einbettungsstruktur von Satzgefügen thematisiert werden kann, lässt sich anhand eines didaktisch modifizierten Textes im Nominalstil initiieren.

(11) a. **Text im Nominalstil**
Die auch als Eklipsen bezeichneten Mondfinsternisse treten nur bei Vollmond auf. **Durch die Stellung der Erde zwischen Sonne und Mond** kommt es dazu. **Während des Drehens der Erde um die Sonne** umkreist der Erdmond in etwa 384.400 Kilometern einmal im Monat die Erde. Das Naturschauspiel einer Mondfinsternis ereignet sich nur etwa zweimal im Jahr **aufgrund der leichten Neigung der Bahnen von Erde und Mond gegeneinander.**
(mod. www.helles-koepfchen.de/artikel/3064.html)

Bei der stilistischen Betrachtung des Textes lässt sich erkennen, dass er im Nominalstil an manchen Stellen schwerfällig und umständlich formuliert ist. Diese Beobachtung kann als Reflexionsanlass dafür dienen, wie der Text umformuliert werden könnte, um diese stilistisch fragwürdigen Textstellen zu vermeiden. Im Reflexionsgespräch kann dann die Möglichkeit thematisiert werden, anstelle der Nominalisierungen Nebensätze zu verwenden.

(11) b. **Text im Verbalstil**
Mondfinsternisse, **die auch als Eklipsen bezeichnet werden**, treten nur bei Vollmond auf. Dazu kommt es, **wenn die Erde genau zwischen Sonne und Mond steht**. **Während sich die Erde um die Sonne dreht**, umkreist der Erdmond in etwa 384.400 Kilometern einmal im Monat die Erde. Das Naturschauspiel einer Mondfinsternis ereignet sich nur etwa zweimal im Jahr, **da die Bahnen von Erde und Mond leicht gegeneinander geneigt sind**.
(mod. www.helles-koepfchen.de/artikel/3064.html)

Dadurch wird klar, dass nichtsatzwertige durch satzwertige Satzglieder ersetzt werden können und Nebensätze somit analog zu nichtsatzwertigen Satzgliedern Elemente des Hauptsatzes sind. Diese zentrale Erkenntnis lässt sich mit dem Feldermodell veranschaulichen und systematisieren:

3 Satzgefüge – ein funktional orientierter Unterrichtszugang

		VF	Satzklammer			NF
			LVS	MF	RVS	
(12)	a.	Durch die Stellung der Erde zwischen Sonne und Mond	kommt	es dazu	–	–
	b.	Wenn die Erde genau zwischen Sonne und Mond steht,	kommt	es dazu	–	–

Tab. 3-4: Konditionalsätze als Konditionaladverbiale

Das Konditionaladverbial *durch die Stellung der Erde zwischen Sonne und Mond* wird durch den Konditionalsatz *wenn die Erde genau zwischen Sonne und Mond steht* ersetzt. Dadurch wird im Analogieschluss klar, dass sich der Konditionalsatz wie das Konditionaladverbial im Vorfeld des Hauptsatzes befindet.

Diese Vorgehensweise ist auch bei attributiven Relativsätzen anwendbar.

		VF	Satzklammer			NF
			LVS	MF	RVS	
(13)	a.	Die auch als Eklipsen bezeichneten Mondfinsternisse	treten	nur bei Vollmond	auf	–
	b.	Mondfinsternisse, die auch als Eklipsen bezeichnet werden,	treten	nur bei Vollmond	auf	–

Tab. 3-5: Satzglieder mit Attributen im VF

Die attributive Adjektivgruppe *auch als Eklipsen bezeichneten* steht mit ihrem Bezugswort im Vorfeld des Hauptsatzes. Damit ist auch der attributive Relativsatz, der die Adjektivgruppe ersetzt, im Vorfeld platziert.

Das topologische Feldermodell zeigt damit die Einbettungsstruktur von Satzgefügen auf. Dadurch, dass die Nebensätze in einem Feld des Hauptsatzes stehen, sind sie Teil des Hauptsatzes bzw. in diesen eingebettet.

Darauf aufbauend lässt sich die topologische Gesamtstruktur von Satzgefügen durch einen zweiten Analyseschritt präzise darstellen, bei dem auch der Nebensatz topologisch analysiert wird.

3.4 Einbettungsstruktur von Satzgefügen und Interpunktion

			Satzklammer		
	V2-Satz	VF	LVS	MF	RVS	NF
(14)	S_0	S_1	kommt	es dazu	–	–
	VE-Satz	SE		MF	VS	NF
	S_1	Wenn		die Erde genau zwischen Sonne und Mond	steht	–

Tab. 3-6: Nebensatz als Teil des Hauptsatzes

In der ersten Analysezeile wird der Hauptsatz S_0 topologisch analysiert. Anstelle des Nebensatzes steht im Vorfeld der Platzhalter S_1. Als Vorbereitung der terminologischen Abstraktion kann anstelle des Platzhalters S_1 auch der Nebensatz zunächst noch ausgeschrieben werden. Die topologische Analyse des Nebensatzes S_1 erfolgt dann in einer neuen Analysezeile. Anhand des Analysetableaus wird ebenfalls ersichtlich, dass es sich bei dem Gesamtsatz um einen V2-Satz und bei dem eingebetteten Nebensatz um einen VE-Satz handelt.

Im Zusammenhang mit Satzgefügen wird die Kommasetzung relevant (→ Kap. 2.5). Eine Sprachbetrachtungssituation, in der die Interpunktion funktional in Erscheinung tritt, kann durch einen didaktisch modifizierten Text hervorgerufen werden, in dem sämtliche Interpunktionszeichen getilgt sind. In einem Reflexionsgespräch kann die Kommasetzung als Gliederungszeichen erkannt werden, das den Leseprozess steuert und den Aufbau von Textverständnis unterstützt (vgl. auch Esslinger & Noack 2020: Kap. 4).

Weiterführend können die Schüler:innen die zentrale Interpunktionsregel für Satzgefüge, dass Nebensätze mit Kommas abgegrenzt werden, anhand eines Textes mit korrekt gesetzten Interpunktionszeichen durch Hypothesenbildung selbst entdecken (vgl. AR, 81, § 74). Diese Erkenntnis lässt sich in das topologischen Feldermodell integrieren und veranschaulichen (Froemel 2020: Kap. 10.2.2):

(15)   Dazu kommt es, *wenn die Erde genau zwischen Sonne und Mond steht*

KS	Satzklammer			NF	KS
	SE	MF	VS		
,	wenn	die Erde genau zwischen Sonne und Mond	steht	–	–

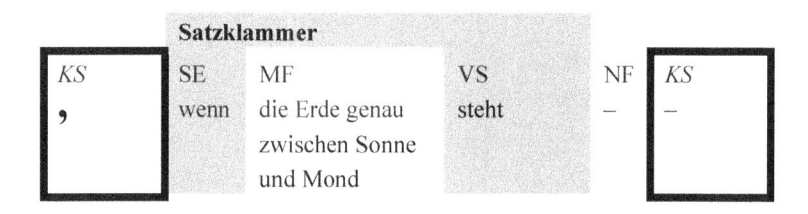

Tab. 3-7: Nebensätze und Kommatierung (KS = Kommastelle, SE = Satzeinleiterposition, VS = Verbstelle, NF = Nachfeld)

Im Feldermodell werden die beiden Kommastellen für Nebensätze vor der Satzeinleiterposition und nach dem Nachfeld des VE-Schemas angezeigt. Da der Konditionalsatz im Nachfeld des Satzgefüges platziert ist, wird die erste Kommastelle durch ein Komma belegt.

Der attributive Relativsatz (16) wird hingegen durch paariges Komma eingeschlossen, sodass beide Kommastellen realisiert sind.

(16)   Mondfinsternisse, *die auch als Eklipsen bezeichnet werden*, treten nur bei Vollmond auf.

KS	Satzklammer			NF	KS
	SE	MF	VS		
,	die	auch als Eklipsen	bezeichnet werden	–	,

Tab. 3-8: Kommasetzung bei attributiven Relativsätzen

Mit dem Feldermodell wird klar, dass Nebensätze durch Kommas abzugrenzen sind.

Eine alternative Möglichkeit, um die syntaktisch basierte Kommasetzung in Satzgefügen anschaulich zu klären, bietet der szenische Ansatz des Königreich-Modells (vgl. Lindauer & Sutter 2005; Lindauer 2011; → Kap. 2.5).

3.5 Differenzierung von Nebensätzen nach Form und Funktion

Die Unterscheidung zwischen Gliedsätzen und Gliedteilsätzen (Attributsätzen) lässt sich mit dem Feldermodell veranschaulichen, indem die jeweiligen Stellungseigenschaften betrachtet werden. Im Rahmen einer Textüberarbeitung lässt sich die Frage, in welchen Feldern Nebensätze auftreten können, funktional motivieren. Beispielsweise können die Lernenden im Hinblick auf die Stellungsmöglichkeiten von attributiven Relativsätzen und Gliedsätzen verschiedene Textvarianten erproben:

(17) **Stellungsvarianten von attributiven Relativsätzen**
    a. Mondfinsternisse, **die auch als Eklipsen bezeichnet werden**, treten nur bei Vollmond auf.
    b. **Die auch als Eklipsen bezeichnet werden**, treten Mondfinsternisse nur bei Vollmond auf.
    c. Nur bei Vollmond treten Mondfinsternisse auf, **die auch als Eklipsen bezeichnet werden**.

(18) **Stellungsvarianten von Adverbialsätzen**
    a. Dazu kommt es, **wenn die Erde genau zwischen Sonne und Mond steht**.
    b. **Wenn die Erde genau zwischen Sonne und Mond steht**, kommt es dazu.
    c. Es kommt, **wenn die Erde genau zwischen Sonne und Mond steht**, dazu.

Die entstandenen Schülertexte bieten einen Anlass, über die jeweilige Entscheidung für bzw. gegen eine Variante zu reflektieren. In dieser Sprachbetrachtungssituation kann thematisiert werden, dass Relativsätze nur zusammen mit ihrem Bezugsnomen im Vorfeld stehen können (17a), nicht aber allein (17b). Allein können Relativsätze nur im Nachfeld auftreten, sofern sie von ihrem Bezugsnomen nicht zu weit entfernt sind (17c).

Hinsichtlich der Stellungsvarianten von Adverbialsätzen wird deutlich, dass Adverbialsätze sowohl im Vorfeld (18b), im Mittelfeld (18c) als auch im Nachfeld (18a) auftreten können, wobei die Stellung im Nachfeld unmarkiert, im Vorfeld hervorgehoben und die Stellung im Mittelfeld stilistisch problematisch sein kann, wenn die Informationen dadurch zu komplex oder bei einer weiten Satzklammer zu unübersichtlich werden und damit das Verständnis nicht mehr gesichert ist.

Auf dieser Grundlage ist mit dem Vorfeldtest festzustellen, dass Nebensätze in zwei Gruppen gegliedert werden können: Die Gliedsätze können als Satzglieder allein im Vorfeld platziert werden, wohingegen dies bei der zweiten Gruppe, den Attributsätzen, nicht zutrifft:

		VF	LVS	Satzklammer MF	RVS	NF
(19)	a.	Wenn die Erde genau zwischen Sonne und Mond steht,	kommt	es dazu.	–	–
	b.	*Die auch als Eklipsen bezeichnet werden,	treten	Mondfinsternisse nur bei Vollmond	auf.	–
	c.	Mondfinsternisse, die auch als Eklipsen bezeichnet werden,	treten	nur bei Vollmond.	auf.	–

Tab. 3-9: Gliedsätze vs. Attributsätze

Gemäß dem Vorfeldtest handelt es sich bei dem konditionalen *wenn*-Satz um einen Gliedsatz (19a). Da der Vorfeldtest bei dem *d*-Relativsatz zu einem ungrammatischen Resultat führt, liegt hier kein Gliedsatz vor (19b). Interessant ist die Beobachtung, dass der *d*-Relativsatz jedoch zusammen mit seinem Bezugswort *Mondfinsternisse* im Vorfeld auftreten kann (19c). Daraus lässt sich Schritt für Schritt schließen, dass es sich bei dem *d*-Relativsatz um ein Satzgliedteil handelt. Damit sind die Konzepte des Gliedsatzes, der ein Satzglied des übergeordneten Satzes darstellt, sowie des Attributsatzes, der ein Bezugswort aufweist und ein Teil eines Satzglieds ist, auf syntaktischer Ebene klar und anschaulich erfasst. Vertiefend kann die Unterscheidung zwischen Attributsätzen (Funktion) und Relativsätzen (Form) durch geeignete Textbeispiele ergänzt werden. Weiterführende Relativsätze (20) lassen sich ebenfalls klar topologisch charakterisieren: Es handelt sich um VE-Sätze, die im Nachfeld stehen können, wenngleich sie keine Satzglieder sind und deshalb nicht im VF erscheinen, anders als die freien eingebetteten Relativsätze (21), die als Satzglieder im VF und NF auftreten können:

3.5 Differenzierung von Nebensätzen nach Form und Funktion

	VF	LVS	Satzklammer MF	RVS	NF
(20a)	Eine Mondfinsternis	ist	etwa zweimal im Jahr	zu sehen	was im Vergleich zu Sonnenfinsternissen häufig ist.
(20b)	*Was im Vergleich zu Sonnenfinsternissen häufig ist,	ist	eine Mondfinsternis etwa zweimal im Jahr	zu sehen	

	VF	LVS	Satzklammer MF	RVS	NF
(21a)	Wer eine totale Sonnenfinsternis gesehen hat,	vergisst	dieses Erlebnis nicht.	-	-
(21b)	Dieses Erlebnis	vergisst	nicht,		wer eine totale Sonnenfinsternis gesehen hat.

Tab. 3-10: Weiterführende vs. freie Relativsätze

Im Hinblick auf ihre Satzgliedfunktion können Gliedsätze in Subjekt-, Objekt- und Adverbialsätze differenziert werden. Aufgrund der didaktisch problematischen Fragemethode (Granzow-Emden 2019: Kap. 14) wird hier die Ersatzprobe zur Bestimmung der Gliedsätze favorisiert. Lässt sich ein Gliedsatz durch ein als Subjekt klassifiziertes Satzglied ersetzen, wird er als Subjektsatz bezeichnet (vgl. auch Geilfuß-Wolfgang & Ponitka 2020: Kap. 5). Entsprechend steht ein Objektsatz anstelle eines Objekts und ein Adverbialsatz anstelle eines Adverbials:

Subjekt	Prädikat	Objekt	Gliedsatz = Adverbialsatz
Es	kommt	dazu	wenn die Erde genau zwischen Sonne und Mond steht
			⬇
			bei der Stellung der Erde zwischen Sonne und Mond / unter der Bedingung

Adverbiale Bestimmung

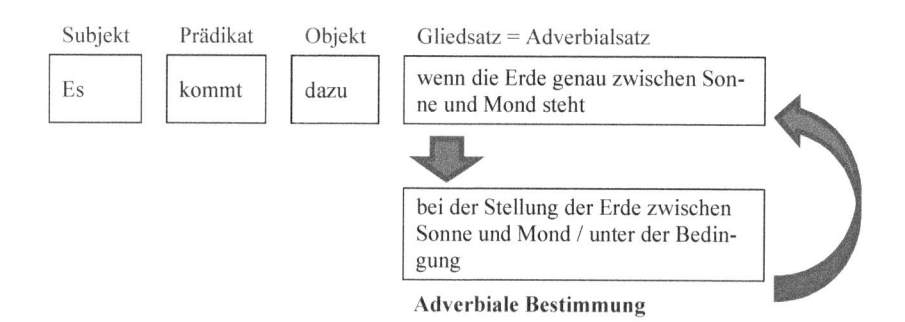

Tab. 3-11: Satzförmige und nicht satzförmige Adverbiale

Nachdem die Satzglieder erkannt sind, kann das Personalpronomen *ich* als Subjekt, das Verb *kommt* als Prädikat und das Präpositionaladverb *dazu* als Präpositionalobjekt bestimmt werden. Um zu klären, welche syntaktische Funktion der *wenn*-Gliedsatz hat, wird dieser durch das klar als Konditionaladverb bestimmbare Satzglied *bei der Stellung der Erde zwischen Sonne und Mond* ersetzt. Dadurch kann der Gliedsatz als konditionaler Adverbialsatz bestimmt werden.

Um eine effiziente Durchführung der Ersetzungsprobe zu ermöglichen, kann der Gliedsatz auch durch die in vielen semantischen Umgebungen passende konditionale Präpositionalgruppe *unter der Bedingung* substituiert werden. Hier zeigt sich ein Vorteil der Ersatzprobe gegenüber der Fragemethode: Im Unterschied zur Frageprobe wird der Nebensatz nicht dadurch klassifiziert, dass er als Antwort auf den als passende Frage umformulierten Hauptsatz gegeben wird, sondern dadurch, dass der als Gliedsatz erkannte Nebensatz in seiner Position in dem vorliegenden Satz durch eine passende und effizient bestimmbare Einheit ersetzt wird.

In semantischer Perspektive lassen sich Adverbialsätze je nach der ausgedrückten semantischen Relation noch weiter in z. B. Temporalsätze, Kausalsätze etc. aufgliedern, wobei unterschiedlich differenzierte Klassifikationsmöglichkeiten vorliegen, vgl. Peyer (2011: 62), Geilfuß-Wolfgang & Ponitka (2020: Kap. 5.3.3).

Unterrichtlich wäre allerdings einer rein semantischen Identifikation von Nebensätzen entgegenzuwirken. Werden semantische Relationen wie z. B. Kausalität, die nicht nur durch Kausalsätze ausgedrückt werden kann, abduktiv als Kriterium für das Vorliegen eines Kausalsatzes angesehen, besteht die Gefahr, dass z. B. auch durch ein kausales Adverb wie *deshalb* angeschlossene Hauptsätze als Kausalsatz klassifiziert werden (vgl. auch Peyer 2011: 59). Demzufolge sollte zwischen semantischer Relation und ihren syntaktischen Realisierungsmöglichkeiten differenziert werden.

Mit dem topologischen Feldermodell lassen sich beispielsweise unterschiedliche Realisierungsformen zum Ausdruck kausaler Textzusammenhänge veranschaulichen:

(22) a. Die Kinder freuen sich, weil bald Ferien sind.
b. Es sind bald Ferien. Deshalb freuen sich die Kinder.
c. Die Kinder freuen sich, denn es sind bald Ferien.

				Satzklammer			
		AF	VF	LVS	MF	RVS	NF
(23)	a.	–	Die Kinder	freuen	sich,	–	weil bald Ferien sind
	b.	–	Deshalb	freuen	sich die Kinder	–	–
	c.	Denn	es	sind	bald Ferien	–	–

Tab. 3-12: Syntaktische Unterschiede bei Kausalität

Die Kausalitätsrelation zwischen der Freude der Kinder und dem baldigen Ferienbeginn wird durch drei unterschiedliche Konstruktionen ausgedrückt: Zunächst wird die Kausalität in Satz (23a) durch einen Kausalsatz ausgedrückt, der durch die Subjunktion *weil* eingeleitet wird. Das Adverb *deshalb* steht als Satzglied im Vorfeld des V2-Satzes und macht den kausalen Zusammenhang zwischen den beiden verknüpften Propositionen ebenfalls deutlich (23b). Schließlich lässt sich eine kausale Relation durch die Konjunktion *denn* etablieren (23c), die im Außenfeld steht und damit kein Satzglied des Hauptsatzes darstellt.

Eine Identifikation von Nebensätzen über semantische Relationen könnte also dazu führen, dass neben dem Kausalsatz (23a) auch die Sätze (23b) und (23c) als Kausalsatz klassifiziert werden. Die syntaktische Analyse zeigt aber klar, dass nur mit *weil bald Ferien sind* in (23a) ein Kausalsatz vorliegt, wohingegen es sich bei den beiden anderen Sätzen um Hauptsätze handelt.

Ebenfalls ist der Vorstellung entgegenzuwirken, in Nebensätzen würde nur Nebensächliches stehen. Dies zeigt sich bereits an Beispielen wie *Die Kinder überlegten, was sie in den Ferien machen wollen*, bei dem der Inhalt der Überlegung im Nebensatz formuliert ist oder wie *Nur wenn die Schranke offen ist, darf man die Gleise überqueren*, in der die Bedingung im Nebensatz für den Informationsgehalt des Satzes (und ggf. für das Überleben) entscheidend ist.

Eingebettete V1- bzw. V2-Nebensätze lassen sich durch ihre mögliche Platzierung im Vorfeld als Satzglieder erkennen:

	AF	VF	Satzklammer			NF
			LVS	MF	RVS	
(24a)	–	*Kräht der Hahn auf dem Mist,*	ändert	sich das Wetter	–	–
	oder	es	bleibt,	–	–	*wie es ist*
(24b)	–	*Ich sei ein Gespenst,*	hätte	man	meinen können	–

Tab. 3-13: V1- und V2-Nebensätze

Die Vorfeldfähigkeit des Satzes *Kräht der Hahn auf dem Mist* zeigt an, dass es sich dabei um ein Satzglied des Gesamtsatzes handelt (24a). Damit kann der nicht formal subordinierte V1-Satz als ein eingebetteter V1-Konditionalsatz klassifiziert werden. Entsprechend lässt die Vorfeldstellung des V2-Satzes *Ich sei ein Gespenst* erkennen, dass es sich um einen eingebetteten V2-Objektsatz handelt (24b).[21]

3.6 Zusammenfassung und Literaturhinweise

Die Ausführungen haben gezeigt, dass mit der Beschreibung von Nebensätzen durch das topologische Feldermodell eine Reihe didaktischer Vorteile verbunden ist. Ein zentraler Aspekt besteht darin, dass sich mit dem topologischen Modell das prototypische Satzmuster von Nebensätzen erfassen lässt. Das VE-Satzmuster macht ihre lineare Struktur transparent und explizit. Nebensätze

---

21 Siehe Kapitel 2 zu der theoretischen Problematisierung dieser Annahmen: Es spricht einiges dafür, dass die VF-Stellung in (24) nur eine scheinbare ist.

3.6 Zusammenfassung und Literaturhinweise

lassen sich damit unter Rückgriff auf die formalen Kriterien der Stellung des finiten Verbs in der einzigen Verbstelle und dem Satzeinleiter in der Satzeinleiterposition identifizieren. Dadurch können Nebensätze unabhängig von semantischen Überlegungen, die eventuell zu einem unzureichenden Nebensatzbegriff führen, identifiziert werden. Zu nennen wären in diesem Zusammenhang die irreführenden Vorstellungen, dass Nebensätze Nebensächliches thematisieren, Nebensätze nicht selbstständig verwendet werden können oder die Identifikation von Nebensätzen über semantische Relationen wie beispielsweise die Relation der Kausalität, die allesamt zu problematischen Nebensatzklassifikationen führen können. Mit der Identifikation prototypischer Nebensätze über das VE-Muster lassen sich Nebensätze über ihr formales Grundmuster und damit unabhängig von semantischen Überlegungen erkennen.

Ein weiterer didaktischer Vorteil der topologischen Nebensatzkonzeption besteht darin, dass die Identifikation von Nebensätzen nicht an das Auftreten bestimmter Signalwörter wie beispielsweise Subjunktionen gebunden ist. Mit Signalwörtern lassen sich uneingeleitete Nebensätze nicht identifizieren. Zudem wird eine Identifikation pronominal eingeleiteter Nebensätze über Signalwörter dadurch erschwert, dass pronominale Satzeinleiter auch formgleich zu Demonstrativ- und Interrogativpronomen auftreten können, die keine Nebensätze einleiten.

Mit der Konzeption der Satzeinleiterposition wird von konkret auftretenden Satzeinleitern abstrahiert. Die Lernenden erwerben das Konzept von Satzeinleitern als Einheiten, die stellungsfest zu Beginn eines Nebensatzes in der Satzeinleiterposition auftreten. Durch dieses operational verifizierbare Kriterium können Nebensätze auch dann erschlossen werden, wenn der konkrete Satzeinleiter nicht als Signalwort gelernt wurde.

Mit dem topologischen Konzept des Nebensatzes wird außerdem einsichtig, dass Sätze auch dann als Nebensätze klassifiziert werden können, wenn sie scheinbar gegen das Verbstellungskriterium für Nebensätze verstoßen, nach dem das finite Verb bei Nebensätzen an letzter Stelle steht. Dies ist dann der Fall, wenn bei einem Nebensatz das Nachfeld besetzt ist. Indem die Lernenden Nebensätze auf das topologische Muster des VE-Satzes beziehen, werden auch Sätze mit belegtem Nachfeld als Nebensätze erkannt.

Unter Anwendung des Vorfeldkriteriums lassen sich Nebensätze syntaktisch weiter in Gliedsätze und Attributsätze differenzieren. Gliedsätze lassen sich allein im Vorfeld des Gesamtsatzes platzieren, wohingegen dies für Attributsätze nur in Verbindung mit ihrer Bezugsgruppe möglich ist. Die Einbettungsstruktur hypotaktischer Satzverbindungen wird auf diese Weise durch das topologische Modell visualisierbar. Diese syntaktische Klassifikation von Nebensätzen bildet die Grundlage für weitere semantische Klassifikationsmöglichkeiten wie beispielsweise die Subklassifikation von Adverbialsätzen oder die semantische Relation des Attributsatzes zu seinem Bezugswort.

Auf der Grundlage des topologischen Modells lassen sich auch Sprachreflexionsprozesse über periphere Nebensätze initiieren. V1- bzw. V2-Nebensätze weichen zwar vom prototypischen VE-Nebensatzmuster ab, können aber im Vorfeld des jeweiligen Hauptsatzes platziert werden. Dadurch wird der Nebensatzbegriff auf Nebensätze erweitert, die eingebettet, aber nicht formal subordiniert sind. Ebenso lassen sich Nebensätze, die nicht von einer prototypischen Subjunktion eingeleitet werden, auf das topologische Modell zurückführen. In diesem Falle handelt es sich um VE-Sätze mit leerer Satzeinleiterposition.

Das topologische Feldermodell stellt damit eine didaktisch tragfähige Modellierung von Nebensätzen dar. Es ermöglicht eine klare und transparente Begriffsbildung, die es erlaubt, Form-Funktions-Zusammenhänge und damit Sprachbewusstheit herzustellen.

Zielsetzungen und Prinzipien eines funktionalen Grammatikunterrichts sind in Köller (1997) ausgearbeitet und an Unterrichtssequenzen veranschaulicht. Menzel (2012) stellt konkrete Modelle und methodische Hinweise vor, die einen funktionalen Zugriff auf grammatische Phänomene ermöglichen. Integrativ orientierte Unterrichtsmodule zu Satzreihen und Satzgefügen basierend auf dem Feldermodell finden sich in Metzger (2017). Didaktische Überlegungen zu Satzgefügen sowie konkrete Unterrichtsmaterialien sind in Peyer (2011) ausgearbeitet. Didaktische Anwendungsmöglichkeiten des topologischen Feldermodells, insbesondere zu Satzgefügen, werden in Froemel (2020) diskutiert.

3.7 Aufgaben

1. Erläutern Sie, wie es mit dem funktionalen Unterrichtsansatz gelingen kann, grammatische Phänomene, insbesondere Satzgefüge, einzuführen, in ihrer Systematik zu erfassen und zu festigen, sodass das jeweilige grammatische Phänomen für die Schülerinnen und Schüler bedeutsam wird.

3.7 Aufgaben

2. Erklären Sie, wie sich das topologische Feldermodell methodisch einsetzen lässt, um syntaktische Charakteristika von Nebensätzen und Satzgefügen zu erfassen. Gehen sie dabei auch auf die Interpunktion bei Satzgefügen ein.
3. Erläutern Sie, welche Problematik bei der semantisch motivierten Bezeichnung von Adverbialsätzen entstehen und wie dem didaktisch begegnet werden kann.
4. Nehmen Sie Stellung zu der These, dass es genüge, sich auf Signalwörter wie *weil* zu konzentrieren, um Nebensätze zu identifizieren.

4 Satzreihe – prototypische und periphere Verbindungen

> Unter einer Satzreihe wird eine Koordination mehrerer Hauptsätze verstanden. Die Satzreihe hat bestimmte Eigenschaften, die mehrere aufeinanderfolgende Hauptsätze nicht haben, insbesondere die Möglichkeit der Koordinationsellipse. Auch bei der Satzreihe kann man von prototypischen und weniger prototypischen Verbindungen sprechen: Während die *und*-Verbindungen beispielsweise syntaktisch und semantisch eine Nebenordnung der verbundenen Einheiten ausdrücken, liegt bei einer *denn*-Verbindung semantisch eine Unterordnung des *denn*-Satzes unter einen anderen Teilsatz vor. Neben den syntaktischen Aspekten gehen wir auch auf textfunktionale Eigenschaften der Satzreihen und die Zeichensetzung ein.

4.1 Formale Aspekte

Die Koordination zweier Teilsätze stellt eine Verbindung dar, bei der keiner der Teilsätze ein Attribut oder ein Satzglied des jeweils anderen Teilsatzes ist, vgl. (1):

(1) a. [Ich habe meine Schulzeit in sehr guter Erinnerung]$_{V_2}$ **und** [ich habe von ihr profitiert]$_{V_2}$.
 b. [Hast du deine Schulzeit in guter Erinnerung]$_{V_1}$ **und** [hast du von ihr profitiert]$_{V_1}$?
 c. Ich sage euch, [dass ich meine Schulzeit in sehr guter Erinnerung habe]$_{VE}$ **und** [dass ich von ihr profitiert habe]$_{VE}$.

Eine rein negative Definition der Koordination ist jedoch unbefriedigend. Drei Vorschläge für eine positive Definition sind:

▶ Wöllstein (2014: 65 f.): „koordinierte Sätze werden strukturell wie auch semantisch nicht subordiniert, sondern sind einander nebengeordnet, d. h. es werden zwei satzwertige Strukturen miteinander auf der gleichen syntaktischen Ebene verknüpft."

4 Satzreihe – prototypische und periphere Verbindungen

- Duden (2016: 907 f.): „Unter Koordination versteht man das mehrfache Auftreten gleichartiger Elemente. [...] Die gereihten Elemente können mit oder ohne Konjunktion verbunden sein."
- Zifonun, Hoffmann & Stecker (1997: 2362): „Unter Koordination verstehen wir ein operatives Verfahren zur Konstitution funktionaler oder funktional integrierter Einheiten aus zwei oder mehr Ausdrücken mit sich überschneidendem Funktionspotenzial."

Jede der Definitionen hebt einen anderen Aspekt davon hervor, was genau Koordination oder Nebenordnung bedeutet: Erstens, eine koordinierende Verknüpfung besteht auf gleicher syntaktischer Ebene: Es können zwei potenziell selbstständige V2- (1a) oder V1-Sätze (1b) sein oder zwei einem weiteren Teilsatz subordinierte VE-Sätze (1c). Wichtig dabei ist, wie man hier sieht, die Gleichartigkeit der verknüpften Elemente (auch ‚Konjunkte' oder ‚Konnekte' genannt): Die verknüpften Sätze in (1) haben jeweils die gleiche Wortstellung. Ebenfalls können Nomen oder Nominalphrasen, Adjektive usw. miteinander koordiniert werden:[22]

(2) Max **und** Moritz sind freche, **aber** lustige Jungen. Sie spielen der Nachbarin **und** ihrem alten Lehrer Streiche, es gibt nichts, worüber **oder** weswegen sie nicht lachen würden.

Zweitens, durch die Koordination entstehen komplexe funktionale Einheiten: Ein Satz kann nicht zwei Subjekte haben, aber ein komplexes Subjekt, das durch Koordination zweier Phrasen entsteht, vgl. (2) oder ein komplexes Objekt, vgl. (1c).

Drittens, bei der Koordination können die koordinierten Einheiten mit oder ohne Konjunktion verbunden sein. Im zweiten Fall spricht man von einer asyndetischen Koordination. Sind nun V2-Sätze als Teilsätze ohne Konjunktion verbunden, so ist es zum einen die *graphische Information*, die **Satzreihen**, d. h. komplexe Sätze wie in (3a), von **Satzsequenzen** (Pafel 2011: 79), d. h. Abfolgen von syntaktisch gesehen einfachen Hauptsätzen, vgl. (3b), unterscheidet: Beim komplexen Satz gibt es nur ein Satzendezeichen.

---

22 Die gleiche Form der Konnekte ist der Regelfall, dennoch keine notwendige Bedingung. Besonders für die Koordination der Satzglieder scheint es weniger nur die Form als vielmehr (auch) die gleiche Satzgliedfunktion zu sein (grammis), vgl.:
(i) Ich komme wegen des Artikels$_{PP}$ und weil ich ohnehin in der Gegend war$_{Nebensatz}$ (grammis/Systematische Grammatik/Konjunktionen)

(3) a. Der Lenz ist da, die Vögel singen Tralala, die ganze Welt ist wie verhext.
b. Der Lenz ist da. Die Vögel singen Tralala. Die ganze Welt ist wie verhext.

Der Unterschied in der Zeichensetzung allein wäre aber kein ausreichendes Unterscheidungskriterium für zwei syntaktische Strukturen, denn die Interpunktion ist sekundär, sie bildet also nur etwas ab, was bereits syntaktisch angelegt ist. Es gibt aber tatsächlich eine *syntaktische Eigenschaft*, welche Satzreihen auszeichnet: Das Auftreten von *Ellipsen* (= Weglassen von sprachlichem Material) ist typisch für syntaktische Koordination, vgl. (4) vs. (5):

(4) a. Ich soll die Katze füttern (und) du sollst den Hund füttern.
b. Ich soll die Katze füttern (und) du den Hund.
(5) a. Ich soll die Katze füttern. Du sollst den Hund füttern.
b. Ich soll die Katze füttern. *Du den Hund.

Bei (4) wird das Verb (finit und infinit) im zweiten Konjunkt, die sich sonst wiederholen würden, weggelassen.[23]

Auch für Koordination von Wörtern und Wortteilen sind Ellipsen typisch, vgl. (6):

(6) a. Be- und Entladen verboten (Beladen und Entladen)
b. mit meinem Mann und Kindern verreisen (mit meinem Mann und mit meinen Kindern)

Man kann also folgende Arbeitsdefinition von Koordination aufstellen:

---

23 In syntaktischen Arbeiten wird diese Art der Ellipse, bei der in allen Konjunkten außer dem ersten das finite Verb und ggf. noch weiteres Material getilgt wird, als *Gapping* (vom engl. *gap*: ‚Lücke') bezeichnet, vgl. Pafel (2011: 93). Wenn hingegen Material aus dem ersten Konnekt bzw. aus allen außer dem letzten Konnekt getilgt wird, wie bei *Max soll dem Hund das Futter geben und Moritz der Katze das Futter geben*, spricht man von *Linkstilgung* (2011: 94). Ebenfalls als Ellipsen kann man die sog. „zusammengezogenen Sätze" wie (i) ansehen (Duden 2018: 1035), vgl. (ii):
(i) Am Morgen kamen viele Kinder und am Abend fast nur Erwachsene in den Zirkus.
(ii) Am Morgen kamen viele Kinder [in den Zirkus] und am Abend [kamen] fast nur Erwachsene in den Zirkus.

4 Satzreihe – prototypische und periphere Verbindungen

Die **Koordination** ist eine Verbindung zweier oder mehrerer funktional (und oft formal) gleicher Einheiten (Konnekte) zu einer komplexen funktionalen Einheit derselben Art mit oder ohne koordinierende Konjunktionen. Werden Sätze koordiniert, so ändert sich ihre Verbstellung mit dem Hinzufügen der Konjunktion nicht. Für Koordination typisch ist eine Ellipse, d. h. das Weglassen des sich wiederholenden sprachlichen Materials in einem der Konnekte.

Pafel (2011) unterscheidet zwischen Ellipsen bei der Satzkoordination und Fällen, die nur so aussehen, als wären sie welche. Wenn eine Ellipse vorliegt, so muss sich der elliptische Satz (i) eindeutig rekonstruieren lassen und (ii) diese Rekonstruktion und die elliptische Form dürfen sich in ihrer Bedeutung nicht unterscheiden.

Mit der zweiten Beschränkung unterscheidet Pafel klar Koordinationsellipsen bei Satzkoordination von der VP-Koordination, bei der ein einfacher Satz vorliegt und unterhalb der Satzebene koordiniert wird:

(7) Einige sind in den Urlaub gefahren und einige zu Verwandten.

(7') a. Einige sind in den Urlaub gefahren und einige [sind] zu Verwandten [gefahren].
   b. $\{_{S0}$ $(_{S1}$ Einige sind in den Urlaub gefahren) und $(_{S2}$ einige [sind] zu Verwandten [gefahren]) $\}$.

				Satzklammer		
V2	AF	VF	LVS	MF	RVS	NF
S_1	-	einige	sind	in den Urlaub	gefahren	-
S_2	und	einige	[sind]	zu Verwandten	[gefahren]	-

Tab. 4-1: Satzkoordination mit Ellipse

Hier ist zum einen das Fehlende eindeutig rekonstruierbar, zum anderen bedeuten (7) und seine Rekonstruktion in (7') dasselbe: Es sind zwei verschiedene Menschengruppen, die mit den Zielen ‚Urlaub' und ‚Verwandte' verreist sind. Es liegt also eine Satzkoordination mit Ellipse vor, vgl. (7'b).

Bei (8) hingegen und seiner vermeintlichen Rekonstruktion in (9) unterscheidet sich die Bedeutung:

(8) Einige sind in Urlaub gefahren und möchten sich erholen.

(9) Einige sind in Urlaub gefahren und einige möchten sich erholen.

4.1 Formale Aspekte

Bei (8) ist es ganz klar dieselbe Personengruppe, die wegfährt und die sich erholen möchte, während bei (9) es zwei unterschiedliche Personengruppen sind. Pafel (2011: 97) argumentiert deshalb dafür, dass es keine Ellipse sein kann, sondern dass in (8) ein einfacher Satz vorliegt, bei dem zwei Verbalphrasen (VPs) mit demselben Subjekt koordiniert sind:

(8') Einige [$_{Koor}$ [$_{VP1}$ sind in Urlaub gefahren] und [$_{VP2}$ möchten sich erholen]].

V2	VF	Satzklammer			NF
		LVS	MF	RVS	
	Einige	[$_{VP}$ sind und [$_{VP}$ möchten	in den Urlaub sich	gefahren] erholen]	-

Tab. 4-2: VP-Koordination nach Pafel (2011)

Mit ähnlicher Begründung analysiert Pafel (2011) Fälle wie (10) nicht als Subjektellipse im zweiten Teilsatz:

(10) Am Ende liegen manche erschöpft im Bett und träumen von grünen Marsmännchen.

Denn auch hier würde (11) etwas anderes bedeuten als (10):

(11) Am Ende liegen manche erschöpft im Bett und manche träumen von grünen Marsmännchen.

Deshalb wird für (10) eine ‚Subjektlücke' (SL) im MF des zweiten Satzes angenommen; der Satz selbst wird als ein V1-Satz analysiert (Pafel 2011: 99):

V2	AF	VF	Satzklammer			NF
			LVS	MF	RVS	
S_1	-	Am Ende	liegen	manche ... Bett	-	-
V1		LVS		MF	RVS	NF
S_2	und	träumen		SL von ... Marsmännchen	-	-

Tab. 4-3: Asymmetrische Koordination mit Subjektlücke

4 Satzreihe – prototypische und periphere Verbindungen

Denn nicht nur würde bei einer Subjektrealisierung im VF wie in (11) der – für Pafel dann eben ganz andere – Satz etwas anderes bedeuten; keine andere Konstituente könnte hier im VF stehen (wenn es aber ein V2-Satz wäre, so könnte ja theoretisch eine andere Konstituente im VF stehen):

(12) *Am Ende liegen manche erschöpft im Bett und von grünen Marsmännchen sie träumen.

Es erscheint uns für die Schule angemessen, die Fälle, die als eine Koordination unterhalb der Satzebene plausibel zu analysieren sind, als einfache Sätze anzusehen. So wäre es eher kontraintuitiv, bei (13) eine Satzkoordination anzunehmen, eine Koordination der Verben bzw. VPs ist hier plausibler:

(13) Paul will sofort zu Max gehen und spielen.

V2	VF	LVS	MF	RVS	NF
			Satzklammer		
	Paul	will	sofort zu Max	gehen und spielen	

Tab. 4-4: VP-Koordination (Beispiel)

Für die Koordination mit Subjektlücke schlagen wir hingegen als eine praktikable Lösung eine Ellipsenanalyse vor, vgl. Tab. 5:

V2	AF	VF	LVS	MF	RVS	NF
				Satzklammer		
S_1		Am Ende	liegen	manche erschöpft im Bett		
S_2	und	[manche$_{Subj}$]	träumen	von grünen Marsmännchen		

Tab. 4-5: Vereinfachende Ellipsenanalyse der Subjektlückensätze

Dabei könnte vermerkt oder zumindest angesprochen werden, dass die Ellipse das Subjekt ist. Die Schwierigkeiten dieser Analyse können ggf. in der Oberstufe diskutiert werden.

Laut der Definition oben liegt auch in (14) eine Koordination vor: *denn* beeinflusst nicht die Verbstellung, die verknüpften Sätze sind V2-Sätze und könnten auch ohne *denn* aufeinander folgen.

(14)   Ich habe meine Schulzeit in sehr guter Erinnerung, *denn* ich habe von ihr profitiert.

Höhle (2018: 83 f.) stellt fest, dass es zwei syntaktisch unterschiedliche Gruppen von koordinierenden Konjunktionen gibt:

- echte koordinierende Konjunktionen wie *und, oder, bzw.* koordinieren gleichartige Elemente jeden Typs; beeinflussen bei Sätzen die Wortstellung nicht; lösen gern Ellipsenbildung aus. Die Koordination ist bei allen Satztypen, d. h. auch bei Verbend-Nebensätzen, möglich (vgl. (1c) oben).
- koordinierende Konjunktionen wie *denn* verknüpfen nur Verbzweit-Sätze; sie verändern bei diesen die Wortstellung nicht; sie lösen keine Ellipsen aus. Höhle nennt solche Konjunktionen *parordinierend*.

Parordinierende Konjunktionen haben semantisch eine Ähnlichkeit mit Subjunktionen, da sie semantisch gesehen eine asymmetrische, unterordnende Beziehung zwischen zwei Satzinhalten auslösen: Semantisch gesehen ist der zweite Teilsatz in (14) dem ersten als eine Begründung untergeordnet.

Exkurs: Syntaktische und semantische Nebenordnung
Inhalte zweier Teilsätze (sog. ‚Propositionen') können semantisch nebengeordnet sein oder der eine dem anderen untergeordnet, vgl. (1) und (2):

(1)   a.   Draußen regnet es. Drinnen ist es warm und gemütlich.
      b.   Draußen regnet es, drinnen ist es warm und gemütlich.
      c.   Draußen regnet es, während es drinnen warm und gemütlich ist.
(2)   a.   Weil es draußen regnet, bleibe ich lieber zuhause.
      b.   Draußen regnet es, deswegen bleibe ich lieber zuhause.
      c.   Ich bleibe lieber zuhause, denn draußen regnet es.
      d.   Es regnet draußen. Ich bleibe lieber zuhause.

Die Satzinhalte *draußen regnet es und drinnen ist es warm* in (1) sind semantisch gesehen nebengeordnet: Die semantische Beziehung zwischen diesen Inhalten ist eine Kontrastierung zweier gleichberechtigter Inhalte – und zwar unabhängig davon, ob die Sätze mit diesem Inhalt koordinierend (1b) oder subordinierend (1c) verbunden sind oder syntaktisch gar nicht verknüpft, sondern zwei einfache Hauptsätze sind (1a). In (2) wird hingegen der Satzinhalt *draußen regnet es* als eine Begründung für das Zuhausebleiben verwendet, er ist also diesem untergeordnet. Dies ist wiederum unabhängig davon, ob der Satz mit dem Regnen-Inhalt syntaktisch gesehen subordiniert ist (2a), koordiniert (2b, c) oder die Sätze syntaktisch nicht verbunden sind (2d).

Das bedeutet, dass (14) trotz der semantischen Unterordnung des zweiten Teilsatzes syntaktisch eine Satzreihe mit folgender Felderstruktur bildet:

V2	AF	VF	LVS	MF	RVS
				Satzklammer	
S_1		ich	habe	meine Schulzeit in sehr guter Erinnerung	
S_2	denn	ich	habe	von ihr	profitiert

Tab. 4-6: Felderanalyse der Parordination

Nach ihrer Bedeutung werden koordinierende Konjunktionen in der Duden-Grammatik (2018) in sechs Gruppen aufgeteilt:

1. **additive** (*und*; *sowie*; *sowohl … als auch*; *weder … noch*),
2. **alternative** (*oder*; *entweder … oder*; *bzw.*),
3. **adversative** (*aber*; *doch*; *sondern*),
4. **spezifizierende** (*außer*; *bzw.*; *d.h.*),
5. **kausale** (*denn*) und
6. **vergleichende** (*als*; *wie*).

Für die Satzreihen spielen Letztere keine Rolle, da *als* und *wie* als Teilsatzverknüpfer nur als Subjunktionen mit vergleichender Bedeutung auftreten. Alle anderen sind in Satzreihen möglich, vgl. (15):

(15) a. Sie verließen den Raum nicht *und* wir holten die Polizei. (*additiv*)
b. *Entweder* sie verlassen den Raum *oder* wir holen die Polizei. (*alternativ*)
c. Sie verließen den Raum, *aber* wir holten trotzdem die Polizei. (*adversativ*)

d. Sie wird in die Schweiz fahren, *d.h.* sie fliegt nach Zürich. (*spezifizierend*)
e. Sie wird uns verlassen, *denn* sie fliegt morgen nach Zürich. (*kausal*)

Topologisch gesehen analysieren wir die Konjunktion unabhängig von ihrer Semantik jeweils im AF des 2. Teilsatzes; bei den zweiteiligen Konjunktionen steht der erste Teil im AF des ersten Satzes:[24]

| V2 | AF | VF | Satzklammer | | RVS |
			LVS	MF	
S_1	Entweder	sie	verlassen	den Raum	-
S_2	oder	wir	holen	die Polizei	-

Tab. 4-7: Felderanalyse der Satzkoordination mit zweiteiligen Konjunktionen

Nutzt man die Ellipsenbildung (16) als Test, so kann man zeigen, dass additive, alternative und adversative Konjunktionen koordinierend sind,[25] kausale und spezifizierende aber ‚parordinierend‘:

(16) Ich soll die Katze füttern. Du sollst den Hund füttern.
    a. Ich soll die Katze füttern *und* du den Hund.
    b. Ich soll die Katze füttern *oder* du den Hund.
    c. Ich soll die Katze füttern, *aber/doch* du den Hund.
    d. *Ich soll die Katze füttern, *d.h./außer* du den Hund.
    e. *Ich soll die Katze füttern, *denn* du den Hund.

Somit können wir nun eine Satzreihe wie folgt definieren:

---

24 *Entweder ... oder* und *weder ... noch* können auch das Vorfeld im Verbzweitsatz belegen, vgl. *Weder*$_{VF}$ **sei** *erhöhter Preisdruck feststellbar, noch*$_{VF}$ **gebe** *die Lohnentwicklung Anlass zu Sorge.* Die Stellungen im Außenfeld und im Vorfeld können in einem Satz auftreten, vgl. *Entweder*$_{VF}$ **werden** *die Fahrten ordentlich vergütet, oder*$_{AF}$ *der Chef Ihres Sohnes* **muss** *ein Auto zur Verfügung stellen.* (Beispiele aus Grammis)
25 Eine Koordination ohne Konjunktion (asyndetische Koordination) lässt ebenfalls Ellipsen zu, vgl. *Ich soll die Katze füttern, du den Hund.*

4 Satzreihe – prototypische und periphere Verbindungen

Unter einer **Satzreihe** wird eine echt koordinierende oder parordinierende Verbindung mindestens zweier syntaktischer Hauptsätze verstanden. Unter einer **eingebetteten Satzreihe** wird eine echt koordinierende Verbindung mindestens zweier Teilsätze verstanden, die als Ganzes von einem Matrixsatz eingebettet wird.

4.2 Interpunktion bei der Satzkoordination

Eine Satzreihe wird in der Schrift zu Lesezwecken mit einem Großbuchstaben am Anfang und mit einem Satzendezeichen am Ende gekennzeichnet. Intern gilt im Wesentlichen die in Kapitel 2 besprochene Grenzsetzung zwischen Teilsätzen durch das Komma, zu der auch eine durch das Semikolon hinzukommt:

(17) a. Der Mensch denkt, (aber) Gott lenkt.
b. Der Mensch denkt; (aber) Gott lenkt.

Dabei markiert das Semikolon eine stärkere ‚Subordinationsblockade', d. h. das Beenden der Verrechnung vor dem Interpunktionszeichen (vgl. Bredel 2011: 81 ff.). Während (17a) ambig ist zwischen der Lesart als Satzgefüge mit V2-Objektsatz zu *denken* und als Satzreihe, ist (17b) nur als eine Satzreihe möglich.

Zu der Regularität ‚Komma zwischen Teilsätzen' kommt aber eine weitere hinzu. Da eine Satzreihe eine Art von Aufzählung darstellt, soll auch die entsprechende Kommasetzungsregel gelten: In einer Aufzählung ist ein Komma dann zu setzen, wenn die Aufzählungsbestandteile ohne Konjunktion verbunden sind. Werden die Konnekte aber durch eine „echt koordinierende Konjunktion" (Bredel 2011: 75) verbunden, so entfällt das Komma, vgl. (18):

(18) a. Sie ärgerte sich ständig über ihren Mann**,** über die Kinder [...].
b. Sie ärgert sich ständig über ihren Mann **und** über die Kinder.
(Amtliches Regelwerk, § 71 bzw. 72)

Echt koordinierend sind laut Bredel diejenigen Konjunktionen, die „wiederholt auftreten können", also mehr als nur zwei Konnekte verbinden können. In diesem Sinne sind sowohl das parordinierende *denn* als auch das koordinierende *aber* nicht echt koordinierend, *weder noch* hingegen schon, vgl. (19):

(19) a. Es ist hart, denn es ist fair, *denn es ist herzlich
b. hart, aber fair, *aber herzlich
c. Weder hart noch fair noch herzlich noch ...

Die syntaktischen, semantischen und interpunktorischen Beobachtungen kann man wie folgt zusammenbringen:

Semantik *Duden*	Syntax (Ellipse; NS koordiniert) *Höhle*	Wiederholbar *Bredel*	Komma
additiv	ja: koordinierend i.e.S.	ja: echt koordinierend	nein[26]
alternativ	ja: koordinierend i.e.S.	ja: echt koordinierend	nein
adversativ	ja: koordinierend i.e.S.		ja
spezifizierend	nein: parordinierend		ja
kausal	nein: parordinierend		ja

Tab. 4-8: Konjunktionen und Kommasetzung

Bei den echt koordinierenden Konjunktionen ergibt sich also eine Konkurrenz zweier Kommaregularitäten: Zum einen gilt die Koordinationsregel, zum anderen wird zwischen Teilsätzen grundsätzlich kommatiert (→ Kap. 2). Bei einer solchen Konkurrenz zweier graphematischer Regularitäten wird verbindlich orthografisch entschieden; so hat sich die aktuelle Amtliche Regelung entschieden, dass bei einer Satzkoordination mit *und* wie bei einer sonstigen Aufzählung nicht kommatiert wird – außer es handelt sich um eine Satzreihe; dann kann auch kommatiert werden:

---

26 Diese Regel soll nicht als „niemals Komma vor *und*" übergeneralisiert werden; denn der Zusammenhang zwischen Komma und *und* gilt nur für die Koordination. In (i) muss natürlich kommatiert werden, denn das Komma schließt hier den Nebensatz *dass Ihnen unser Angebot gefällt* ab, *und* hingegen verknüpft die beiden Hauptsätze zu einer Satzreihe, vgl. (ii):
(i) Wir freuen uns, dass Ihnen unser Angebot gefällt, **und** bemühen uns um eine rasche Lieferung.
(ii) [Wir freuen uns, *dass Ihnen unser Angebot gefällt,*] **und** [bemühen uns um eine rasche Lieferung].

4 Satzreihe – prototypische und periphere Verbindungen

„Bei der Reihung von selbstständigen Sätzen, die durch *und, oder, beziehungsweise/ bzw., entweder – oder, nicht – noch* oder durch *weder – noch* verbunden sind, kann man ein Komma setzen, um die Gliederung des Ganzsatzes deutlich zu machen." (Amtliches Regelwerk, § 73)

(20) a. Hast du ihn angerufen (,) **oder** wirst du es erst am Sonntag tun? (Amtliches Regelwerk, § 73)
       b. Ich hoffe, dass es dir gefällt **und** dass du zufrieden bist. (Amtliches Regelwerk, § 72)

Auch ein Doppelpunkt kann zwischen Teilen einer Satzreihe stehen, nicht aber zwischen untereinander koordinierten Nebensätzen:

(21)   Ich habe meine Schulzeit in sehr guter Erinnerung: Ich habe von ihr profitiert.

Das Semikolon entspricht einer parordinierenden (genauer, spezifizierenden oder kausalen) Konjunktion, indem der zweite Teilsatz semantisch untergeordnet, syntaktisch aber nebengeordnet ist. Bredel (2011: 84 f.) zeigt, dass ein Doppelpunkt eine syntaktische Autonomie, aber semantische Abhängigkeit der rechts von ihm stehenden Einheit anzeigt. Dies erklärt vermutlich, dass entweder der Doppelpunkt oder *denn/d.h.* in (21) möglich sind und nicht beides: Da beide funktional gleich sind, wird eine Doppelmarkierung derselben Gegebenheit vermieden.

Eine am wenigsten prototypische, markierte Verbindung liegt vor, wenn ein Gedankenstrich zwischen Bestandteilen einer Satzreihe verwendet wird, wie in (22):

(22)   Zuletzt tat er etwas, woran niemand gedacht hatte – er beging Selbstmord. (Amtliches Regelwerk, § 84)

Laut Bredel (2011: 44) zeigt der Gedankenstrich generell „einen Abbruch der gerade laufenden Aktivität [hier Satzverarbeitung; *Anmerkung der Verf.*], eine darauffolgende Umorientierung und einen Neustart". Mit dieser Funktionsbestimmung kann man die etwas widersprüchlich klingende Formulierung des Amtlichen Regelwerks, § 82, verstehen:

„Mit dem Gedankenstrich kündigt man an, dass etwas Weiterführendes folgt oder dass man das Folgende als etwas Unerwartetes verstanden wissen will." (Amtliches Regelwerk, § 82)

In (22) wird zugleich eine unerwartete Information nach dem Gedankenstrich genannt und es folgt „etwas Weiterführendes", indem *etwas, woran niemand gedacht hat* konkret expliziert wird. Beides ergibt sich aber eher aus der Syntax und der Semantik der Satzbestandteile und der Gedankenstrich unterstützt den Aspekt des Erwartungsbruchs, da er einen Abbruch und Neustart beim Lesen auslöst.

4.3 Funktional-stilistische Aspekte der Koordination

Die funktional-stilistische Wirkung der Koordination ergibt sich aus ihrem syntaktischen Charakter: Wie oben beschrieben, werden hier aus einfachen funktionalen Einheiten komplexe Einheiten auf derselben Hierarchie-Ebene. Werden Teilsätze insbesondere mit koordinierenden Konjunktionen i.e.S. oder asyndetisch koordiniert, so werden ihre Inhalte lediglich als eine Nebeneinanderstellung (Auflistung, Auswahl oder Gegenüberstellung) präsentiert – während ein Satzgefüge „logische, zeitliche oder relationale Bezüge" Menzel (1998a: 64) zwischen seinen Inhalten zum Ausdruck bringt.

Besonders kurze koordinierte Teilsätze produzieren dadurch den Eindruck einer schnellen und einfachen Abfolge der Ereignisse:

(23) Ich kam, ich sah, ich siegte. (lat. *veni, vidi, vici*)

Die Originaläußerung (im Original sogar nur drei Wortformen mit Alliteration), eine von Plutarch dem Cäsar zugeschriebene Äußerung über die Schlacht bei Zela, wurde gerade wegen ihrer Form und dem stilistischen Effekt, den sie verursacht, berühmt und gern zitiert (und abgewandelt).

Sind die Sätze etwas länger, so bleibt dennoch der Effekt der einfachen Nebeneinanderstellung (anstatt einer verschachtelten gegenseitigen Abhängigkeit). So wird für literarische Sprache beobachtet, dass Satzreihungen einerseits den Effekt der „Getragenheit" (Eroms 2009: 1607 für (24)) haben können, andererseits den eines „traumartigen Geschehens" (Menzel 1998a: 64 für (25)): Das Dargestellte wird eben nacheinander, oft im zeitlichen Ablauf des Geschehens, präsentiert, jegliche komplexe hierarchische Abhängigkeiten zwischen den beschriebenen Ereignissen oder Beobachtungen fehlen:

(24) Daher bilden die Bewohner eine eigene Welt, sie kennen einander alle mit Namen und mit den einzelnen Geschichten von Großvater und Urgroßvater her, trauern alle, wenn einer stirbt, wissen, wie er heißt, wenn einer geboren wird, haben eine Sprache, die von der der Ebene draußen abweicht, haben ihre Streitigkeiten, die sie schlichten, stehen einander bei und laufen zusammen, wenn sich etwas Außerordentliches begibt.
(Adalbert Stifter, *Der Bergkristall*)

(25) Der Geldbriefträger flüchtet mit seiner gefüllten Ledertasche über die Grenze. Er durchschwimmt den Fluß und rettet sich auf einem aus dem Dickicht hervorstehenden Aststumpf. Er zieht seine Schuhe aus und streunt barfuß durch den Wald.
(Thomas Bernhard, *Der Geldbriefträger*)

4.4 Hinweise für den Unterricht

In der Schule werden parataktische Satzverbindungen in der Schreibdidaktik funktional, wenn es darum geht, Kohärenz aufzubauen, indem Inhalte über entsprechende Konjunktionen verknüpft werden. Mit der Identifikation parataktischer Konstruktionen lässt sich auch das analytische Textverstehen unterstützen. Beispielsweise kann die semantische Relation zwischen den koordinierten Sätzen reflektiert werden, um inhaltliche Zusammenhänge zu klären. Im Bereich der Orthografie werden Parataxen im Hinblick auf die Interpunktion relevant. Schließlich sind Parataxen als zweiter zentraler Konstruktionstyp komplexer Sätze neben den Satzgefügen für den Kompetenzbereich Sprachreflexion bedeutsam.

Ein funktionaler Zugang zu parataktischen Strukturen lässt sich über einen Textvergleich initiieren. Die Schüler:innen erhalten zwei Texte, wobei Text A ausschließlich unverbundene Hauptsätze enthält, wohingegen diese in Text B durch passende Konjunktionen verbunden sind.

(26) a. **unverbundene Hauptsätze**
Im Juli 2018 konnten wir am Abendhimmel zwei besondere Phänomene beobachten: Eine totale Mondfinsternis war zu bestaunen. Der Mars war der Erde so nahe wie selten.
Mondfinsternisse treten nur bei Vollmond auf. Die Erde steht dann zwischen Sonne und Mond.
Das Naturschauspiel einer Mondfinsternis ereignet sich nur etwa zweimal im Jahr. Die Bahnen der Erde sind leicht gegeneinander geneigt.
Die Sichtbarkeit einer Sonnenfinsternis hängt von der Tageszeit und Uhrzeit ab. Es kommt auch auf die örtlichen Wetterverhältnisse an.

b. **verbundene Hauptsätze**
Im Juli 2018 konnten wir am Abendhimmel zwei besondere Phänomene beobachten: Eine totale Mondfinsternis war zu bestaunen **und** der Mars war der Erde so nahe wie selten.
Mondfinsternisse treten nur bei Vollmond auf, **denn** die Erde steht dann zwischen Sonne und Mond.
Das Naturschauspiel einer Mondfinsternis ereignet sich nur etwa zweimal im Jahr, **denn** die Bahnen der Erde sind leicht gegeneinander geneigt.
Die Sichtbarkeit einer Sonnenfinsternis hängt von der Tageszeit und Uhrzeit ab, **aber** es kommt auch auf die örtlichen Wetterverhältnisse an.
(www.helles-koepfchen.de/artikel/3064.html)

In einem Reflexionsgespräch lässt sich herausarbeiten, dass die Hauptsätze in Version (26b) im Unterschied zu (26a) durch Konjunktionen zu Satzreihen verbunden sind, wodurch die semantische Relation zwischen den verbundenen Sätzen sprachlich realisiert ist. Didaktisch gewinnbringend wäre es, wenn anhand des Vergleichs unterschiedliche semantische Beziehungen, wie z. B. additiv bei *und*, kausal bei *denn* oder adversativ bei *aber*, thematisiert werden können. Darauf aufbauend lässt sich festhalten, dass die Bildung von Satzreihen zum Aufbau von (relationaler) Textkohärenz beitragen kann, indem die inhaltlichen Bezüge zwischen den Sätzen klar werden. Zudem lässt sich in stilistischer Hinsicht bemerken, dass durch parataktische Satzverknüpfungen abwechslungsreichere Texte mit einem variableren Satzbau gestaltet werden können.

Soll die Reflexion der Semantik parataktischer Konnektoren im Vordergrund stehen, bietet es sich beispielsweise an, die Schüler:innen durch Satzreihen zu irritieren, die einen semantisch unpassenden Konnektor aufweisen. Im Textbeispiel werden die unpassenden Konnektoren *aber* bzw. *oder* anstatt der passenden Konnektoren *und* bzw. *denn* verwendet.

(27) Im Juli 2018 konnten wir am Abendhimmel zwei besondere Phänomene beobachten: Eine totale Mondfinsternis war zu bestaunen, **aber** (statt **und**) der Mars war der Erde so nahe wie selten.

(28) Mondfinsternisse treten nur bei Vollmond auf **oder** (statt **denn**) die Erde steht dann zwischen Sonne und Mond.

Durch die Reflexion darüber, was an dem Sprachmaterial als irritierend beurteilt wird, lässt sich die semantische Relation fokussieren, die zwischen den Sätzen durch den jeweiligen Konnektor etabliert wird. Weiterführend kann dies dann mit der Frage nach passenden Konnektoren verbunden werden.

Nachdem die Relevanz parataktischer Satzstrukturen funktional begründet ist, kann ihre Form beispielsweise in Abgrenzung zu Satzgefügen fokussiert werden. Dazu bietet sich beispielsweise folgende synthetische Vorgehensweise an:

(29) Mondfinsternisse treten nur bei Vollmond auf. Die Erde steht dann zwischen Sonne und Mond. (**denn / da**)
Das Naturschauspiel einer Mondfinsternis ereignet sich nur etwa zweimal im Jahr. Die Bahnen der Erde sind leicht gegeneinander geneigt. (**denn / weil**)
Die Sichtbarkeit einer Sonnenfinsternis hängt von der Tageszeit und Uhrzeit ab. Es kommt auch auf die örtlichen Wetterverhältnisse an. (**aber / obgleich**)

Indem die Schüler:innen Sätze einerseits durch Konjunktionen, andererseits durch Subjunktionen verbinden, werden die Unterschiede zwischen parataktischen und hypotaktischen Konstruktionen augenscheinlich. Während Konjunktionen, mit denen parataktische Satzverbindungen realisiert werden, keine Änderung der koordinierten Sätze bewirken, lösen Subjunktionen die Endstellung des finiten Verbs aus, was eine prototypische hypotaktische Satzverbindung kennzeichnet. Diese Beobachtungen lassen sich mit Hilfe des topologischen Feldermodells visualisieren:

4.4 Hinweise für den Unterricht

	V2-Satz	AF	VF	\multicolumn{3}{c}{Satzklammer}	NF
				LVS	MF	RVS	
S_0	S_1	-	Mondfinsternisse	treten	nur bei Vollmond	auf	-
	S_2	**denn**	die Erde	steht	dann zwischen Sonne und Mond	-	-

Tab. 4-9: Parataxe

Bei parataktischen Strukturen wie S0 bleibt die Satzstruktur der beiden verknüpften V2-Sätze S_1 und S_2 erhalten. Die Konjunktion *denn* ist im Außenfeld platziert. Im Unterschied dazu entsteht bei der Satzverbindung durch Subjunktionen eine Einbettungsstruktur:

V2-Satz	AF	VF	LVS	MF	RVS	NF
S_0	-	Mondfinsternisse	treten	nur bei Vollmond	auf	S_1
VE-Satz	**AF**	**SE**		**MF**	**VS**	**NF**
S_1	-	**da**		die Erde dann zwischen Sonne und Mond	steht	-

Tab. 4-10: Hypotaxe

Die beiden durch die Subjunktion *da* verknüpften Sätze bilden ein Satzgefüge S_0, das den untergeordneten VE-Satz S_1 im Nachfeld enthält. Im Gegensatz zu Konjunktionen im Außenfeld AF steht die Subjunktion *da* in der Satzeinleiterposition SE des untergeordneten VE-Satzes S_1.

Das topologische Feldermodell erfasst demnach die zentralen Differenzen von Satzgefügen und Satzreihen. Die syntaktische Unterordnung bei Hypotaxen wird topologisch dadurch augenscheinlich, dass der untergeordnete Satz in einem Stellungsfeld des übergeordneten Satzes steht. Bei Parataxen stehen die verknüpften Sätze dagegen nicht in einem Stellungsfeld des syntaktisch nebengeordneten Satzes. Die unterordnenden Konnektoren werden von den nebenordnenden ebenfalls topologisch differenziert. Während Subjunktionen in der Satzeinleiterposition SE des VE-Satzes platziert sind, stehen Konjunktionen im Außenfeld AF. Das topologische Feldermodell stellt damit ein geeignetes didaktisches Modell dar, um die Form parataktischer Satzstrukturen sinnvoll abzubilden.

An die funktionale und syntaktische Klärung des grammatischen Phänomens der Satzreihe lässt sich die Frage nach der Interpunktion bei Satzreihen anschließen. Die zentrale Funktion der Kommatierung bei Parataxen besteht in der Abgrenzung gleichrangiger Teilsätze, um die Satzreihe zu gliedern und damit letztlich das Satzverständnis zu erleichtern. Sie kann anhand sprachlichen Materials fokussiert werden, bei dem sämtliche Kommas zwischen den parataktisch verknüpften Teilsätzen getilgt sind.

(30) a. Im Hausflur war es still ich drückte erwartungsvoll auf die Klingel.
     b. Die Musik wird leiser der Vorhang hebt sich das Spiel beginnt.
     c. Er dachte angestrengt nach ihr Name fiel ihm nicht ein.
     d. Ich wollte ihm helfen er ließ es nicht zu.
     (mod. Bsp. aus dem Amtlichen Regelwerk, § 71)

Indem die Schüler:innen begründen, an welchen Stellen sie Kommas setzen würden, kann die Funktion der Kommatierung als Gliederungssignal bei parataktischen Satzverbindungen mit der damit verbundenen Segmentierung von Sinneinheiten, die das Textverstehen erleichtert, herausgestellt werden.

Nachdem die Kommasetzung bei asyndetischen Parataxen geklärt ist, lässt sich die Kommasetzung bei syndetisch gereihten Teilsätzen fokussieren. Zentral ist hierbei die Erkenntnis, dass die Kommasetzung von der Art der jeweiligen Konjunktion abhängig ist (s. o.).

Eine wissenschaftspropädeutische Möglichkeit, die Schüler:innen für die Kommatierung bei syndetischen Satzreihen zu sensibilisieren, besteht darin, dass die Lernenden anhand geeigneten Sprachmaterials selbst Hypothesen zur Interpunktion entwickeln.

(31) a. Im Hausflur war es still und ich drückte erwartungsvoll auf die Klingel.
b. Seid ihr mit meinem Vorschlag einverstanden oder habt ihr Einwände vorzubringen?
c. Er dachte angestrengt nach, aber ihr Name fiel ihm nicht ein.
d. Ich wollte ihm helfen, doch er ließ es nicht zu.
(vgl. Amtliches Regelwerk, § 71)

Zunächst könnte für die Schüler:innen auffällig sein, dass vor bestimmten Konjunktionen wie *und* bzw. *oder* kein Komma gesetzt werden muss, wohingegen vor den Konjunktionen *aber* bzw. *doch* ein Komma zu setzen ist. Beziehen die Schüler:innen die Semantik der jeweiligen Konjunktionen mit ein, können sie herausarbeiten, dass bei additiven Konjunktionen kein Komma gesetzt werden muss, während Teilsätze, die durch adversative Konjunktionen eingeleitet werden, durch ein Komma abzugrenzen sind (was eine zulässige Reduktion der oben formulierten Regularitäten sein kann).

Die Interpunktion bei paratabrisierten Satzverknüpfungen lässt sich somit induktiv-entdeckend auf der Basis der Form-Funktions-Zusammenhänge parataktischer Strukturen einführen.

4.5 Zusammenfassung und Literaturhinweise

In diesem Abschnitt wurde die Koordination von Sätzen, insbesondere von Hauptsätzen (Satzreihe) besprochen. Dabei wurde zwischen Koordination i.e.S., die Koordinationsellipsen zulässt und keine Beschränkungen über ihre Konnekte aufstellt, von Parordination unterschieden. Diese Unterscheidung hat auch Folgen für die Kommasetzung.

Eine theoretisch anspruchsvolle Kurzübersicht bieten Reich & Reis (2013). Das Konzept ‚Parordination' geht auf Höhle (2018) zurück. Pafel (2011) unterscheidet systematisch auch in der topologischen Darstellung die echte Koordination (*Die Erde dreht sich um die Sonne und der Mond dreht sich um die Erde.*) von dem sog. ‚Diskursanschluss' mit koordinierenden Konjunktionen (*Und sie dreht sich doch!*).

4.6 Aufgaben

1. Analysieren Sie (1) topologisch:
   (1) Das Mädchen ging jeden Tag hinaus zu dem Grabe der Mutter und weinte und blieb fromm und gut. Als der Winter kam, deckte der Schnee ein weißes Tüchlein auf das Grab, und als die Sonne im Frühjahr es wieder herabgezogen hatte, nahm sich der Mann eine andere Frau.
   (J. u. W. Grimm, *Aschenputtel*)
2. Suchen Sie alle Fälle der Koordination in (1) und bestimmen Sie, welche sprachlichen Einheiten (Wörter, Phrasen, Sätze; welche Phrasen genau? Sätze welcher Verbstellung?) jeweils koordiniert werden.
3. Erläutern Sie methodische Ansätze, um funktionale und formale Aspekte von Parataxen im Unterricht zu reflektieren. Gehen Sie dabei insbesondere auf die Abgrenzung der Parataxen von Hypotaxen ein.
4. Erklären Sie methodische Aspekte der Interpunktion bei Satzreihen.

5 Satzwertige infinite Konstruktionen

> Komplexe Sätze können auch infinite Teilsätze beinhalten, d. h. Konstruktionen mit infiniten Verben (Infinitiv; *zu*-Infinitiv; Partizip I und II). Infinite Konstruktionen können, analog zu finiten Teilsätzen, koordiniert als Satzreihen oder subordiniert in Satzgefügen auftreten. Das Vorkommen in Satzreihen ist formal und funktional stark eingeschränkt. Das Vorkommen als Nebensatz in Satzgefügen ist von der Bildung komplexer Prädikate abzugrenzen. Wir zeigen die Regularitäten und die Normen der Kommasetzung in nebensatzwertigen infiniten Konstruktionen auf und gehen auch auf die satzwertigen Partizipialkonstruktionen ein, die bisher in Syntaxeinführungen kaum thematisiert wurden.

Unter infiniten[27] Verbformen versteht man die Formen aus dem verbalen Flexionsparadigma, die nicht nach Tempus, Modus, Person und Numerus flektieren: reiner Infinitiv (*lachen*), *zu*-Infinitiv (*zu lachen*), Partizip I (*lachend*) und Partizip II (*gelacht*). Diese Formen können, wie finite Formen auch, mit Ergänzungen (außer Subjekt) und Angaben auftreten und somit satzwertige Konstruktionen bilden. Diese Konstruktionen werden in diesem Kapitel betrachtet.[28]

5.1 Infinitivkonstruktionen

Die bisher besprochenen komplexen Sätze enthalten mindestens zwei finite Teilsätze. Nun sind aber komplexe Sätze, und zwar sowohl Satzreihen (1a) als auch Satzgefüge (1b), mit infiniten Teilsätzen möglich:

27 Finit bzw. infinit kommt aus dem Lateinischen *finitus* ‚begrenzt': Die finiten Formen sind durch ihre Flexionsmerkmale auf bestimmte Zeit, Modalität und Person/Numerus begrenzt, z. B. *gehst* ist auf 2. Person Sg. Präsens Indikativ Aktiv begrenzt, während *gehen* eine Handlung an sich, ‚unbegrenzt', benennt.

28 Nicht Thema dieses Buches sind infinite Verbformen in ihrer „Grenzgänger"-Eigenschaft (Storrer 2007): Sie können systematisch in eine andere syntaktische Wortart ‚übertreten': Infinitive treten als syntaktische Nomen auf (i) und Partizipien als syntaktische Adjektive (ii); siehe auch Fuß & Geipel (2018: 43).
(i) Man hört ihn laut *lachen*$_{V\_SYNT}$ vs. Man hört sein lautes *Lachen*$_{N\_SYNT}$.
(ii) Ein *lachendes*$_{A\_SYNT}$ Mädchen winkt mit *ausgestreckten*$_{A\_SYNT}$ Armen.

(1) a. *Dich zu verlassen*, den ich so liebe, von dem ich unzertrennlich war, *und froh zu sein*!
b. Es soll eine Seelenfreude sein, *ihn unter seinen Kindern zu sehen*.
(J. W. von Goethe, *Die Leiden des jungen Werther*)

In (1a) werden zwei infinite Hauptsätze (von denen der erste noch zwei Relativsätze einbettet), funktional gesehen beides Exklamativsätze (siehe Geilfuß-Wolfgang & Ponitka 2020: 74), miteinander koordiniert. Die infiniten Satzreihen sind ein formal und funktional klar markierter Fall. So sind sie nur mit bestimmten Illokutionen möglich und immer stark markiert.

Ein deutlich häufigerer und weniger markierter Fall sind Satzgefüge mit infiniten Nebensätzen, wie z. B. das mit einem infiniten Subjektsatz in (1b). Deshalb werden wir uns im Folgenden auf Satzgefüge konzentrieren.

Ein infinites Verb kann, genauso wie ein finites, Ergänzungen (alle außer Subjekt) und Angaben haben. So hat der *zu*-Infinitiv *zu sehen* in (1b) ein Akkusativobjekt (*ihn*) als Ergänzung und ein lokales (oder modales) Adverbial *unter seinen Kindern* als Angabe. Ob ein Infinitiv allein vorkommt oder nicht, spielt keine Rolle für seine syntaktische Funktion; so ist ein erweiterter (2a) und ein reiner (2b) Infinitiv in (2) das Subjekt:

(2) a. Es ist eine Freude, *von Freunden umringt hier zu leben*.
b. Es ist eine Freude, *zu leben*.

Deshalb spricht man manchmal von einem **Infinitiv**, manchmal von einer **Infinitivkonstruktion**, ohne eine klare Unterscheidung zu machen.

Während aber das Vorkommen eines finiten Verbs stets einen Teilsatz involviert, müssen Infinitive nicht unbedingt satzwertig sein.[29] Sie können, wie in (3), auch Teile des Prädikats eines einfachen Satzes bilden:

(3) a. Nie werde ich sie vergessen.
b. Paula scheint immer allen gern zu helfen.

In (3) sind beide Infinitive, der einfache in (3a) und der *zu*-Infinitiv in (3b), keine Teilsätze, sondern Prädikatsteile (topologisch in der VS):

---

29 Man nennt nicht-satzwertige Infinitive, die Teile des Prädikats bilden, auch **kohärent konstruierende** oder einfach **kohärente** Infinitive. Satzwertige Infinitive nennt man **inkohärent**. Diese Bezeichnungen gehen auf Bech (1955) zurück.

5.1 Infinitivkonstruktionen

	VF	LVS	MF	RVS	NF
		\[Satzklammer\]			
(3a)	Nie	*werde*	ich sie	*vergessen*	–
(3b)	Paula	*scheint*	immer allen gern	*zu helfen*	–

Tab. 5-1: Infinitive als Prädikatsteile

Bloße Infinitive sind nicht-satzwertig, sie bilden in der Regel mit dem finiten Verb zusammen das Prädikat bzw. die Satzklammer.[30] Sie kommen mit Hilfsverben (3a) und mit Modalverben (4a), aber auch in der Konstruktion vor, die „Akkusativ mit Infinitiv" (Accusativus cum infinitivo, AcI) genannt wird (4b):

(4) a. Ich *wollte* den lieben Himmelfahrtstag recht in der Gemütlichkeit *feiern* (E.T.A. Hoffmann, *Der goldne Topf*)
    b. Ich *hörte* den Wind durch die Eichenkronen *streichen*. (Alfred Mombert, *Ich hörte den Wind*)

Relevant für die Bildung komplexer Sätze sind die Infinitive, die satzwertig sind, wie in (1b). Satzwertig bedeutet, dass eine Infinitivkonstruktion hier eine eigene Felderstruktur hat, eine Satzglied- oder Attributfunktion ausübt und durch einen finiten Nebensatz zu ersetzen ist:

(5) a. Es soll eine Seelenfreude sein, *ihn unter seinen Kindern zu sehen.*
    b. Es soll eine Seelenfreude sein, *wenn man ihn unter seinen Kindern sieht.*

				Satzklammer			
V2-Satz	AF	VF	LVS	MF		RVS	NF
S0	–	Es	soll	eine Seelenfreude		sein	S$_{INF}$
VE-Satz	AF	SE		MF		VS	NF
S$_{INF}$	–	–		ihn unter seinen Kindern		zu sehen	–

Tab. 5-2: Infinitive als Nebensätze

---

30 Gelegentlich können sich Infinitive und Infinitivgruppen auch wie Satzglieder verhalten, vgl. *Regelmäßig Zähne putzen ist sehr wichtig.*

Die Unterscheidung satzwertig vs. nicht-satzwertig ist deshalb relevant, da sie für die Satzanalyse, aber auch für die Wortstellung und Kommasetzung entscheidend ist – und manchmal sogar für die Satzbedeutung. So kann das Verb *drohen* entweder einen infiniten Prädikatsteil fordern (6a) oder einen satzwertigen Infinitiv als Objekt (6b):

(6) a. Die Brücke droht bald in der Mitte einzustürzen.
    b. Der Bürgermeister droht den Brückeneigentümern (damit), die Brücke bald abzureißen.

	V2-Satz	VF	LVS	MF	RVS	NF
				Satzklammer		
(6a)	S0	Die Brücke	droht	bald in der Mitte	einzustürzen	–
(6b)	S0	Der Bürgermeister	droht	den Brückeneigentümern (damit)	–	S_{INF}
	VE-Satz	SE		MF	VS	NF
	S_{INF}	–		die Brücke bald	einzureißen	–

Tab. 5-3: *drohen* mit nicht-satzwertigen vs. satzwertigen *zu*-Infinitiven

Während das Verb *drohen* in (6a) die Bedeutung einer Wahrscheinlichkeit hat (*Es ist wahrscheinlich, dass die Brücke bald einstürzt*), hat es in (6b) die Bedeutung einer Drohung: Ein absichtsvoll Handelnder (Agens; s. Geilfuß-Wolfgang & Ponitka 2020: 43) führt einen bestimmten Sprechakt aus. In der ersten Bedeutung muss der zweite Prädikatsteil, der *zu*-Infinitiv, realisiert werden, und zwar als Teil der VS, vgl. (7):

(7) a. *Die Brücke droht nur.
    b. Die Brücke wird in der Mitte einzustürzen drohen.
    c. *Die Brücke wird drohen, in der Mitte einzustürzen.

Im zweiten Fall ist der infinite Nebensatz weglassbar (8a); wie für einen Nebensatz typisch, kann er sowohl im Nachfeld (8b) als auch im Vorfeld (8c) realisiert werden (vgl. auch 2.3 oben):

(8) a. Der Bürgermeister droht nur (er tut nichts)
    b. Der Bürgermeister wird drohen, *die Brücke abzureißen*.
    c. *Die Brücke abzureißen*, wird der Bürgermeister drohen.

Rapp & Wöllstein (2013) zeigen, dass *zu*-Infinitive, anders als die bloßen Infinitive, in der Regel satzwertig sind. Damit sie nicht-satzwertige Prädikatsteile sein können, müssen drei Bedingungen zutreffen: Erstens, sie müssen von Verben regiert werden, deren Objekte keine faktischen Gegebenheiten bezeichnen (z. B. *versuchen, wünschen* – aber nicht *reparieren*). Sie müssen zweitens auch die Akkusativobjektfunktion einnehmen können und drittens weder im VF noch im NF stehen. So kann ein satzwertiger Objektinfinitiv in (9a) eben auch so umformuliert werden, dass er wie in (9b) zu einem Prädikatsteil wird (hier wird die Verbend-Stellung verwendet, um eine sichtbar besetzte Verbstelle zu erhalten); in diesem Fall ändert sich die topologische Struktur:

(9) a. da er lange versuchte, den Wagen zu reparieren.
    b. da er lange den Wagen zu reparieren versuchte.

	VE-Satz	SE	MF	Satzklammer		NF
				VS		
(9a)		da	er lange	versuchte		S_{INF}
	S_{INF}	–	den Wagen	zu reparieren		–
(9b)		da	er lange den Wagen	zu reparieren versuchte		–

Tab. 5-4: potenziell nichtsatzwertige *zu*-Infinitive

Nichtsatzwertige Infinitive sind Teil des Prädikats und so der Verbstellenbesetzung. Dazu gehören einfache Infinitive, die mit Modalverben, Hilfsverben und in der Akkusativ-mit-Infinitiv-Konstruktion vorkommen können, und diejenigen *zu*-Infinitive, die mit *scheinen* und mit *drohen/versprechen* in nicht-agentiver Bedeutung vorkommen.

Dass (9b) und (9a) tatsächlich unterschiedliche Strukturen haben, sieht man daran, dass *lange* in (9a) nur als Adverbial im Hauptsatz interpretierbar ist: Die Tätigkeit des Versuchens dauert lange. In (9b) hingegen kann *lange* als Adverbial auf die Verbform *versuchte* oder auf den Infinitiv *zu reparieren* bezogen werden:

Das Versuchen kann lange dauern, aber auch die angestrebte Reparaturzeit.[31] Dasselbe Verhalten zeigt z. B. die Negation und alle anderen Ausdrücke, die in ihrem Skopus (= Bezugsbereich) variieren. Bei satzwertigen Infinitiven bezieht sich die Negation nur auf denjenigen Teilsatz, in dem sie vorkommt:

(10)   da er nicht versucht, den Wagen zu reparieren.
(11)   da er versucht, den Wagen nicht zu reparieren.

In (10) und (11), die klar zwei Teilsätze involvieren, kann *nicht* nur den Skopus über einen Teilsatz haben und nicht über beide, so dass die Sätze jeweils Unterschiedliches bedeuten.

Bei nichtsatzwertigen Infinitiven gibt es keine Satzgrenze, so dass wie in jedem einfachen Satz eine Satznegation oder eine Konstituentennegation möglich ist:

(12)   da er den Wagen nicht zu reparieren versucht.

Nicht in (12) kann sowohl den Skopus über den gesamten Satz *er versucht den Wagen nicht zu reparieren* haben als auch den engen Skopus über *zu reparieren*: Der Satz kann bedeuten, dass er keinen Reparaturversuch macht, aber auch, dass er versucht, etwas kaputt zu lassen.

Alle anderen *zu*-Infinitive sind obligatorisch satzwertig. Sie können Satzgliedfunktionen – Subjekt (siehe (1b) oben); Objekt (13) und Adverbial (14) – oder Attributfunktionen (15) übernehmen. In beiden letzteren Fällen kann zu der Infinitivkonstruktion eine einleitende Subjunktion dazugehören, vgl. (14); diese besetzt dann die Satzeinleiterposition, vgl. Tabelle 5:

(13)   Er war genötigt, langsamer zu wandeln (*Präpositionalobjekt*)
(14)   Er beflügelte noch mehr seine Schritte, um sich den auf ihn gerichteten Blicken der neugierigen Menge zu entziehen.
(15)   da er schon mit ein paar jungen Leuten vergeblich den Versuch gemacht hat, jene Manuskripte kopieren zu lassen (E.T.A. Hoffmann, *Der goldne Topf*)

---

31   Denkt man sich einen Kontext, in dem die Werkstatt pro Arbeitsstunde und nicht pro erfolgreiche Reparatur bezahlt wird, ist diese Lesart durchaus plausibel.

5.1 Infinitivkonstruktionen

	V2-Satz	VF	LVS	MF	RVS	NF
			Satzklammer			
(14)	S0	Er	beflügelte	noch mehr seine Schritte	–	S_{INF}
	VE-Satz	SE		MF	VS	NF
	S_{INF}	um		sich den auf ihn gerichteten Blicken der neugierigen Menge	zu entziehen	–

Tab. 5-5: satzwertige eingeleitete *zu*-Infinitive

Eine **Infinitivkonstruktion ist satzwertig**, wenn sie eine eigene Felderstruktur bildet. In dieser Felderstruktur ist mindestens die Verbstelle (VS) besetzt, wenn die Infinitivkonstruktion keine Ergänzungen und Angaben zum infiniten Verb beinhaltet; in der Regel ist auch das Mittelfeld, teilweise auch die Satzeinleiterposition besetzt. Satzwertige Infinitive fungieren als Satzglieder und Attribute und können im Vorfeld, Mittelfeld und Nachfeld ihres Matrixsatzes stehen.

Wie wir gesehen haben, unterscheiden sich infinite Sätze dadurch von den finiten, dass sie kein Subjekt haben können. Dennoch ist, wie die Duden-Grammatik (2018: 853) formuliert, „semantisch eines hinzuzudenken", vgl. (16):

(16) a. Die Chefin befahl dem Angestellten, nach Hause zu gehen.
      b. Paula versprach mir, nach Hause zu gehen.
      c. Die Chefin hat verboten, nach Hause zu gehen.

Das „hinzugedachte" Subjekt wird bei einer Umwandlung des infiniten Nebensatzes in einen finiten sichtbar:

(17) a. Die Chefin befahl dem Angestellten, dass *er* nach Hause geht.
      b. Paula versprach mir, dass *sie* nach Hause geht.
      c. Die Chefin hat verboten, dass *man* nach Hause geht.

Wie man an den Beispielen sieht, kann dabei eindeutig entschieden werden, was das „hinzugedachte" Subjekt ist. Man sagt, dass ein Element im Matrixsatz das nicht sichtbare Subjekt kontrolliert: In (16a) liegt *Objektkontrolle* vor, d. h. das

Dativobjekt des Matrixsatzes ist semantisch das Subjekt der Infinitivkonstruktion; in (16b) haben wir es mit der *Subjektkontrolle* zu tun und in (16c) wird ein nicht realisiertes Objekt im Matrixsatz mit der allgemeinen Bedeutung (*man*; *alle*; *jemand*; *jeder*) ergänzt, welches das Subjekt kontrolliert.

5.1.1 Infinitive: Hinweise für den Unterricht

Wie man an den Beispielen oben sieht, können satzwertige *zu*-Infinitive kommatiert werden. Da sie satzwertig sind und somit Teilsätze in komplexen Sätzen, sollten sie nach der in Kapitel 2 beschriebenen Systematik stets kommatiert werden. Die Amtliche Regelung (2018) lässt jedoch hier eine gewisse Freiheit zu: Bei den sog. ‚Infinitivgruppen' „kann ein Komma gesetzt werden, um die Gliederung deutlich zu machen bzw. um Missverständnisse auszuschließen" (§ 75, E2). Darüber hinaus gilt laut § 75:

> „Infinitivgruppen grenzt man mit Komma ab, wenn eine der folgenden Bedingungen erfüllt ist:
> (1) die Infinitivgruppe ist mit *um, ohne, statt, anstatt, außer, als* eingeleitet;
> (2) die Infinitivgruppe hängt von einem Substantiv ab;
> (3) die Infinitivgruppe hängt von einem Korrelat oder einem Verweiswort ab"

Schaut man sich diese Festlegungen an, so erkennt man, dass es klar als solche erkennbare, obligatorisch satzwertige Infinitivkonstruktionen sind, die kommatiert werden müssen. Denn Adverbial- und Attribut-Infinitive können ja, wie wir gesehen haben, eingeleitet sein oder ein „Korrelat oder Verweiswort" aufweisen. Ebenfalls mit Korrelat treten Präpositionalobjekt-Infinitive auf. Auch Bedingung 2 betrifft die Attribut-Infinitive. Man hat sich aber, wohl aus vermeintlichen Reduktionsgründen, dagegen entschieden, das Konzept Satzwertigkeit zur Grundlage zu machen. Deshalb wurden auf den ersten Blick voneinander unabhängige Bedingungen für das obligatorische Komma formuliert.

Die oben zitierte Empfehlung, mit Kommasetzung die „Gliederung deutlich zu machen" betrifft die potenziell zwischen satzwertig und nichtsatzwertig ambigen und dadurch systematisch mehrdeutigen (s. o.) Fälle. Die Empfehlung setzt eigentlich eine konsequente Leserorientierung bei der Kommadidaktik voraus (vgl. Esslinger 2016): Denn nur aus der Leserperspektive kann eine Satzstruktur ohne Kommata ambig sein, Schreibende wissen ja in der Regel, was sie schreiben wollen. Einen konkreten Vorschlag für eine Unterrichtseinheit zu potenziell ambigen, durch Komma desambiguierbaren Infinitiven bietet Gorschlüter (2001). Auch wir empfehlen es als eine klare Richtlinie, die satzwertigen Infinitive, d. h. diejenigen, die eine eigene ‚Zeile' bei der topologischen Analyse erhalten, stets zu kommatieren.

5.2 Partizipialkonstruktionen

Auch Partizipien I und II können nicht nur allein gebraucht werden, sondern mit Ergänzungen und Angaben, so dass sie satzwertig werden:

(18) a. *Aber finster vor sich hinblickend*, blies der Student Anselmus die Dampfwolken in die Luft.
 b. und die funkelnden Smaragde fielen auf ihn herab und umspannten ihn, *in tausend Flämmchen um ihn herflackernd und spielend mit schimmernden Goldfäden*. (E.T.A. Hoffmann, *Der goldne Topf*)
(19) Der Einbrecher, *von der Taschenlampe geblendet*, ließ die Beute fallen.
(20) *Einen Kaffee heruntergestürzt, zur Straßenbahn gerannt, atemlos angekommen.*

Die Duden-Grammatik (2018: 858) unterscheidet zwischen den „nebensatzwertigen Partizipialphrasen" und den „hauptsatzwertigen". Partizipien I können nur nebensatzwertig vorkommen (vgl. 18), während Partizipien II auch hauptsatzwertig vorkommen, wie in (20); auch hier, wie bei Infinitiven, sind aber Satzreihen ein stark markierter und seltener Fall.

Die Satzwertigkeit einer Partizipialkonstruktion kann durch eine Umformung in einen finiten Satz, bei welcher die topologische Struktur unverändert bleibt, aufgezeigt werden:

(21) a. *Während er finster vor sich hinblickte*, blies der Student Anselmus die Dampfwolken in die Luft.
 b. Der Einbrecher, *der von der Taschenlampe geblendet wurde*, ließ die Beute fallen.

Der Nebensatz in (21a) steht, genauso wie die Partizipialkonstruktion in (18a), im VF; in (21b) ist der attributive Nebensatz, genauso wie die Partizipialkonstruktion in (19), Teil der Nominalphrase, die im VF steht. Die attributive Partizipialkonstruktion in (22a) ist hingegen nicht-satzwertig, was man daran sieht, dass das Partizip erstens adjektivisch flektiert und zweitens eine Umformung der Partizipialkonstruktion in einen Nebensatz zwar möglich ist, dieser Nebensatz aber eine andere Position im Satz einnehmen muss als das Partizipialattribut:

(22) a. Der *von der Taschenlampe plötzlich geblendete* Einbrecher ließ die Beute fallen.
      b. der Einbrecher, *der von der Taschenlampe geblendet wurde*, ließ die Beute fallen.

5.2.1 Partizipialkonstruktionen: Hinweise für den Unterricht

Das Konzept der satzwertigen Partizipialkonstruktion impliziert, dass diese, analog zu Infinitivkonstruktionen, auch intern topologisch analysiert werden können, und zwar als Verbend-Sätze:

					Satzklammer			
(18a)	V2-Satz	AF	VF	LVS	MF		RVS	NF
	S0	Aber	S$_{PART}$	blies	der Student Anselmus die Dampfwolken in die Luft		–	–
	VE-Satz		SE		MF		VS	NF
	S$_{PART}$	–	–		finster vor sich		hinblickend	–
(19)	V2-Satz	AF	VF	LVS	MF		RVS	NF
	S0	–	Der Einbrecher, S$_{PART}$	ließ	die Beute		fallen	–
	VE-Satz		SE		MF		VS	NF
	S$_{PART}$	–	–		von der Taschenlampe		geblendet	–

Tab. 5-6: satzwertige Partizipialkonstruktionen

Es wäre zu erwarten, dass satzwertige Partizipialkonstruktionen wie Nebensätze kommatiert werden. Aber da auch sie, wie *zu*-Infinitive, keine prototypischen Nebensätze sind, ist die Kommasetzung hier vermutlich (wie bei *zu*-Infinitiven) deutlich offener geregelt. Partizipialkonstruktionen werden als ein Sonderfall der „Zusätze oder Nachträge" in § 77f. des Amtlichen Regelwerks geregelt:

> „§ 77 Zusätze oder Nachträge grenzt man mit Komma ab; sind sie eingeschoben, so schließt man sie mit paarigem Komma ein [...] Dies betrifft [...] (6) Infinitiv- und (7) Partizip- und Adjektivgruppen.
> § 78 Oft liegt es im Ermessen des Schreibenden, ob er etwas mit Komma als Zusatz oder Nachtrag kennzeichnen will oder nicht"

Tophinke (2006: 63) systematisiert diese Einzelregeln wie folgt: Die Partizipialkonstruktionen müssen nur dann kommatiert werden, wenn sie als nicht flektierte, dem Bezugswort nachgestellte Attribute verwendet werden (23a). Wenn sie als freie Prädikative[32] gebraucht werden, ist das Komma hingegen freigestellt (23b–c):

(23) a. Ein Mann, *lässig am Tisch lehnend*, betrachtet ein Gemälde.
      b. *Lässig am Tisch lehnend* (,) betrachtet ein Mann ein Gemälde.
      c. Ein Mann lehnt (,) *ein Gemälde betrachtend* (,) am Tisch. (Beispiele aus Tophinke 2006: 63)

Das topologische Modell hilft, die beiden Fälle klar zu unterscheiden: Während Attribute mit ihrem Bezugswort ein Satzglied bilden und im VF stehen können, ist das Prädikativ allein ein Satzglied und somit vorfeldfähig:

---

32 Unter Prädikativen versteht man solche Ausdrücke, die sich Attributen ähnlich auf ein Subjekt oder Objekt beziehen, dabei aber, anders als Attribute, allein vorfeldfähig sind; Adjektive als Prädikative flektieren nicht:
(i) Nur Hannah ist *betrunken*. / *Betrunken* ist nur Hanna.
(ii) Hannah ist *betrunken* Fahrrad gefahren. (*Wie war Hannah, als sie Fahrrad gefahren ist?*)
Freie oder sekundäre Prädikative sind dabei solche, die nicht mit dem Kopulaverb zusammen das Prädikat bilden, wie in (ii); vgl. Geilfuß-Wolfgang & Ponitka 2020: 107, Bsp. (33f–h).

5 Satzwertige infinite Konstruktionen

	V2-Satz	VF	Satzklammer LVS	MF	RVS	NF	
(23a)	S0	Ein Mann, S_{PART},	betrachtet	ein Gemälde	–	–	**Komma**
(23b)	S0	S_{PART} (,)	betrachtet	ein Mann ein Gemälde	–	–	**Komma optional**
(23c)	S0	Ein Mann	lehnt	(,) S_{PART} (,) am Tisch	–	–	
	VE-Satz	SE		MF	VS	NF	
(23a&b)	S_{PART}	–		lässig am Tisch	lehnend	–	
(23c)	S_{PART}	–		ein Gemälde	betrachtend		

Tab. 5-7: Kommasetzung bei satzwertigen Partizipialkonstruktionen

Für die freigestellte Kommasetzung ist zu prüfen, ob es sich tatsächlich um ein freies Prädikativ im eigentlichen Wortsinn handelt: Ist die Angabe wirklich frei, also syntaktisch und semantisch gesehen weglassbar und hinzufügbar, oder ändert sich durch das Weglassen die Bedeutung des Satzes? Bei Relativsätzen spricht man hierbei von nicht restriktiven Relativsätzen (vgl. 24a); restriktive Relativsätze hingegen sind semantisch notwendig für die Prädikation (vgl. 24b):

(24) a. Diese roten Schuhe, *die mir ja leider zu klein sind*, trage ich nicht mehr. (= Diese roten Schuhe trage ich nicht mehr.)
b. Schuhe, *die zu klein sind*, soll man nicht tragen. ≠ Schuhe soll man nicht tragen)

Auch freie Prädikative können restriktiv oder nicht restriktiv sein; restriktive dürfen nicht kommatiert werden, vgl. (25), während nicht restriktive kommatiert werden können, gerade um den nicht-restriktiven Charakter (das, was das Amtliche Regelwerk als „Einschub oder Nachtrag" bezeichnet) zu betonen (26):

(25)   *In der Ecke stehend* den Raum zu überblicken, ist schwer.
       ≠ Den Raum zu überblicken ist schwer)
(26)   *In der Ecke stehend*, überblickte er den ganzen Raum.
       (= Er überblickte den ganzen Raum)

Die funktionsbezogene Differenzierung, die sich zumindest im Bereich des obligatorischen Kommas topologisch abbilden lässt, ermöglicht eine Systematisierung der Kommasetzung im Bereich der Partizipialkonstruktionen.

5.3 Zusammenfassung und Literaturhinweise

Infinite Verbformen, d. h. Infinitive und Partizipien, können auch mit Ergänzungen und Angaben auftreten und satzwertige Konstruktionen bilden, die als Teilsätze in Satzreihen (seltener) und Satzgefügen vorkommen. Bei *zu*-Infinitiven ist dabei wichtig, diese Fälle von nicht-satzwertigen zu unterscheiden, bei denen der Infinitiv einen Teil des Prädikats bildet. Die Unterscheidung kann topologisch klar erfasst werden. Sie hat Konsequenzen für die Satzbedeutung und die Kommasetzung.

Kurze Überblicke zu satzwertigen vs. nicht-satzwertigen Infinitiven geben z. B. Pittner & Berman (2021: Kap. 8.1); Pafel (2011: Kap. 1.3.5, 2.2.2); Wöllstein (2014: Kap. 4.3). Einen ausführlicheren Überblick über die *zu*-Infinitive geben Rapp & Wöllstein (2013). Zu didaktischen Überlegungen zur Kommasetzung (auch) in infiniten Konstruktionen siehe Eisenberg et al. (2005); Tophinke (2006); speziell zu *zu*-Infinitiven siehe Gorschlüter (2001).

5.4 Aufgaben

1. Bestimmen Sie für alle Infinitive in (1), ob es sich um bloße Infinitive oder um *zu*-Infinitive handelt; für die Letzteren bestimmen Sie, ob diese satzwertig sind oder nicht:
   (1) Im Gehen gab sie Sophien, der ältesten Schwester nach ihr, einem Mädchen von ungefähr elf Jahren, den Auftrag, wohl auf die Kinder acht zu haben und den Papa zu grüßen, wenn er vom Spazierritte nach Hause käme. Den Kleinen sagte sie, sie sollten ihrer Schwester Sophie folgen, als wenn sie's selber wäre [...]. Die zwei ältesten Knaben waren hinten auf die Kutsche geklettert, und auf mein Vorbitten

erlaubte sie ihnen, bis vor den Wald mitzufahren, wenn sie versprächen, sich nicht zu necken und sich recht festzuhalten. Wir hatten uns kaum zurecht gesetzt [...], als Lotte den Kutscher halten und ihre Brüder herabsteigen ließ, die noch einmal ihre Hand zu küssen begehrten [...]

2. Analysieren Sie (2) topologisch und erläutern Sie genau die hier gegebenen Optionen der Kommasetzung:

   (2) [...] und die funkelnden Smaragde fielen auf ihn herab, in tausend Flämmchen um ihn herflackernd und spielend mit schimmernden Goldfäden.

6 Parenthesen

> Teilsätze können nicht nur einander subordiniert oder miteinander koordiniert werden, sondern ein Teilsatz kann in einen anderen parenthetisch eingeschoben werden. In diesem Fall bilden beide Teilsätze zwar eine graphematische und eine Bedeutungseinheit, sind dabei aber syntaktisch nur lose (wenn überhaupt) miteinander verbunden und der Bedeutungsbeitrag der Parenthese ist markiert. Auch Wörter und Phrasen können parenthetisch eingeschoben werden. Wir konzentrieren uns auf die Satzparenthese und besprechen ihre formalen und funktionalen Eigenschaften sowie die Zeichensetzung bei der Parenthese.

In den bisherigen Kapiteln wurden Satzgefüge, bei denen ein Teilsatz den anderen formal subordiniert und/oder funktional einbettet, und Satzreihen, bei denen Teilsätze zu einer komplexen Einheit derselben Art gleichberechtigt verbunden werden, besprochen.

Bei (1a) jedoch liegt weder eine Satzreihe noch ein Satzgefüge vor: Beide Sätze sind formal (als nicht eingeleitete Verbzweit-Sätze) als nicht subordiniert markiert, beide haben voneinander unabhängige Illokutionen (jeder für sich macht eine Aussage) und kein Teilsatz hat eine syntaktische Funktion in dem anderen. Dennoch sind sie auch nicht koordiniert, da die beiden keine komplexe Einheit bilden und der in Gedankenstrichen eingefasste Teilsatz klar auf der textuell-kommunikativen Ebene dem anderen untergeordnet ist:

(1) a. Und jetzt – *so hatte ich vorhin sagen wollen* – bin ich Verwalter auf dem Berklingerhof. (grammis)
     b. Und jetzt bin ich Verwalter auf dem Berklingerhof.

Die Hauptmitteilung des Satzes (1a) ist kommunikativ gesehen klar der Trägersatz, der auch, wie in (1b), allein realisiert werden kann. Der in ihn eingeschobene Satz ist ein Kommentar des Sprechers, der Bezug zu dem Gesprächsverlauf nimmt und seine Aussage in diesen einordnet. Bei solchen Einschüben, die die Satzstruktur nicht beeinflussen, spricht man von Parenthesen. Wir übernehmen die Definition aus dem ‚Verzeichnis grundlegender grammatischer Fachausdrücke':

6 Parenthesen

Die **Parenthese** ist eine sprachliche Einheit (ein Wort, eine Wortgruppe oder ein Satz), die unabhängig vom umgebenden Satz ist und die lineare Satzstruktur unterbricht.

Dass „die lineare Satzstruktur unterbrochen" wird, bedeutet, dass die Parenthese, anders als ein Nebensatz, nicht ein Feld des Trägersatzes einnimmt und so diese Struktur beeinflusst. Im VF von (1) steht *jetzt*, in LVS *bin* – und die Parenthese ändert nichts an der in (1a) und (1b) gleichen Feldbelegung. Dies wäre anders bei einem Satzgefüge wie (2), bei dem der Nebensatz in einem Feld im Matrixsatz steht, vgl. Tabelle 6-1:

(2) Weil ich mit meiner Bewerbung Erfolg hatte, bin ich jetzt Verwalter auf dem Berklingerhof.

V2-Satz	AF	VF	LVS	MF	RVS	NF
(1a) S0	–	Und jetzt	bin	ich Verwalter auf dem Berklingerhof	–	–
S$_{PAR}$	–	so	hatte	ich vorhin	sagen wollen	–
(2) S0	–	S$_1$	bin	ich jetzt Verwalter auf dem Berklingerhof	–	–
VE-Satz	AF	SE		MF	VS	NF
S$_1$	–	Weil		ich mit meiner Bewerbung Erfolg	hatte	–

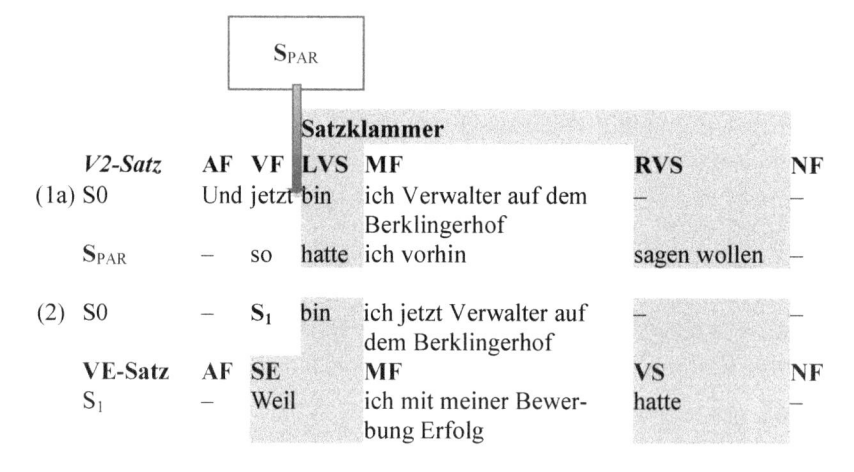

Tab. 6-1: Parenthese vs. Nebensatz

Pafel (2011: 99) nimmt daher im topologischen Schema sogenannte Parenthesennischen an, die „vor und nach jedem topologischen Platz (Position, Feld) [...] angesetzt werden [können]". Für (1a) können wir also eine Nische zwischen dem VF und der finiten VS annehmen, in der die Parenthese steht:

| | V2-Satz | AF | VF | NI | Satzklammer | | | NF |
					LVS	MF	RVS	
(1a)	S0		Und jetzt	S_PAR	bin	ich Verwalter auf dem Berklingerhof	–	–
	S_PAR	–	so	–	hatte	ich vorhin	sagen wollen	–

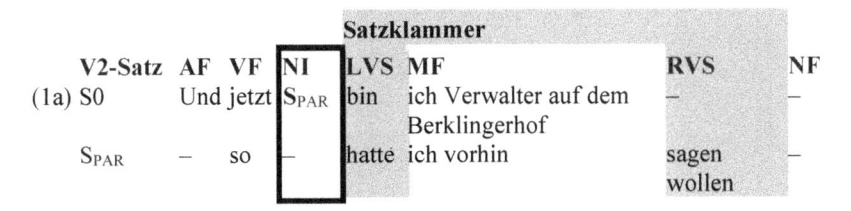

Tab. 6-2: Parenthesennischen bei Pafel (2011)

Graphisch wird das Unterbrechen der Satzstruktur durch Parenthesen mit paarigen Kommata, Gedankenstrichen oder Klammern gekennzeichnet (→ Kap. 5.3). Intonatorisch können Pausen und eine eigene Fokus-Hintergrund-Gliederung[33] den Einschubcharakter markieren, vgl. Pittner (1995).

Darüber hinaus können Parenthesen aber auch im Mittelfeld stehen (Pafel 2011: 100), wo sie genau wie Satzglieder frei auftreten und nur graphisch bzw. intonatorisch, aber nicht linearsyntaktisch unterschieden werden. Diese Lösung ist zum einen verständlich, da das Mittelfeld theoretisch beliebig viele integrierte oder nicht integrierte Satzteile aufnehmen kann. Zum anderen aber ist sie etwas unbefriedigend, da sie das Gemeinsame der Parenthesen im Mittelfeld und an anderen Positionen im Satz verschleiert. Eine Analyse mit Nische für (3a) und ohne Nische mit Platzierung der Parenthese im Mittelfeld für (3b) verunklart den Einschubcharakter des Sprecherkommentars in (3b), der ja genauso gegeben ist und der graphisch und intonatorisch in beiden Fällen gleich markiert wird:

(3) a. Und jetzt – *so hatte ich vorhin sagen wollen* – bin ich Verwalter auf dem Berklingerhof.
   b. Und jetzt bin ich – *so hatte ich vorhin sagen wollen* – Verwalter auf dem Berklingerhof.

Auch kann das Hinzufügen von Nischen die topologischen Schemata für die Lernenden verkomplizieren. Deshalb schlagen wir vor, keine Nischen als Felder einzufügen, sondern die Parenthesen innerhalb von Feldern zu notieren und

---

33 Dies bedeutet auf der Ebene der Informationsstruktur, dass die Parenthese und ihr Trägersatz jeweils einen eigenen *Fokus* haben, d. h. ein Element (Wort oder Phrase), das als besonders relevant hervorgehoben wird; auf der prosodischen Ebene entspricht dem Fokus der Satzakzent auf einem Wort im Satz (siehe Musan 2017: Kap. 4), vgl. (i):
(i) Wir wollen nícht$_{FOKUS}$ mit dem Zug (der ist leider immer vóll$_{FOKUS}$) fahren.

mit einer Kennzeichnung als Parenthese zu markieren. Demnach können also parenthetische Einschübe in alle Felder, nicht aber in die Positionen (linke und rechte) Verbstelle und Satzeinleiter erfolgen:[34]

	V2-Satz	AF	VF	Satzklammer LVS	MF	RVS	NF
(3a)	S0	Und	jetzt [S$_{PAR}$]	bin	ich Verwalter auf dem Berklingerhof	–	–
(3b)	S0	Und	jetzt	bin	ich [S$_{PAR}$] Verwalter auf dem Berklingerhof	–	–
	S$_{PAR}$	–	so	hatte	ich vorhin	sagen wollen	–

Tab. 6-3: Darstellung der Parenthese

Die Kennzeichnung S$_{PAR}$ ist eigentlich ein Kürzel für eine besondere Art der syntaktischen Beziehung. Wie wir gesehen haben, sind Parenthesen weder koordiniert noch subordiniert. D'Avis (2005: 275) schlägt vor, dass hier syntaktisch eine Art lokale Verbindung vorliegt: Parenthesen können als eine Art zusätzliche Information an verschiedenen Stellen im Satz hinzugefügt und dort lokal interpretiert werden. So ändert sich der Bezug von *so* bzw. dasjenige, was genau vorhin gesagt werden sollte, je nachdem, wo die Parenthese eingefügt wird:

(4) a. Und jetzt – *so hatte ich vorhin sagen wollen* – bin ich Verwalter auf dem Berklingerhof.

---

34 D'Avis (2005: 260 f.) gibt zwar das Beispiel (i) an und stellt fest, Parenthesen seien „vielleicht sogar innerhalb des Verbalkomplexes" möglich, kennzeichnet es dennoch mit Sternchen und Fragezeichen, d.h als stark markiert bis ungrammatisch:
(i) *? Sie hat wirklich kommen – und jetzt pass auf! – wollen.
Sollte man auch solche markierten Fälle thematisieren wollen, kann man die Generalisierung zum Parenthesenvorkommen auf die rechte Verbstelle und die Satzeinleiterposition bei der Belegung durch Wortgruppen mit Relativpronomen, vgl. (ii), ausweiten; nur die linke Verbstelle schließt dann Parenthesen aus.
(ii) ... die Frau, mit deren – wie sie das immer sagt – Ehegatten wir uns unterhalten haben ...

b. Und – *so hatte ich vorhin sagen wollen* – jetzt bin ich Verwalter auf dem Berklingerhof.
c. Und jetzt bin ich – *so hatte ich vorhin sagen wollen* – Verwalter auf dem Berklingerhof.

Dieser streng lokale Bezug der Parenthese könnte erklären, warum (5), ein leicht modifizierter Beleg aus einer Konzertankündigung, komisch wirkt:

(5) Das Vokalensemble des Gymnasiums wird uns – unter der Leitung von Herrn X. – in diesem Schuljahr mit Liebesliedern von John Dowland bis zu den Beach Boys erfreuen.

Durch die Platzierung der Parenthese direkt nach *uns* wird ein attributähnlicher Bezug der Präpositionalphrase auf das Pronomen erwartet. Intendiert ist sicher eher die Lesart, bei der Herr X. das Vokalensemble leitet und nicht uns beim Erfreutwerden.

Diese Analyse ist nicht unumstritten und es gibt Fälle, in denen die Beschränkung auf den rein lokalen Bezug stärker oder schwächer zu sein scheint (→ Kap. 6.1.3).

6.1 Formen und Funktionen der Parenthese

Als Parenthesen können, wie in der Definition festgehalten, Wörter (6a), Phrasen/Wortgruppen (6b) und ganze Sätze (6d) oder satzähnliche kommunikative Einheiten (6c) auftreten:

(6) a. Denn nicht zuletzt liegt es – *auch?* – daran, dass wir Sachen anpacken.
b. Das waren Ereignisse, die – *für wenige Tage* – für Aufregung sorgten.
c. Einer der Berater sucht Juristen mit – *so der Text seiner Stellenanzeige* – guten schriftlichen Ausdrucksformen.
d. Diese These ist – *und das wird unten noch auszuführen sein* – in dieser Form nicht haltbar.
(Beispiele, teils minimal geändert, aus Pittner 1995)

Im Zusammenhang mit komplexen Sätzen sind die Fälle mit satzförmiger Parenthese interessant, weswegen wir hauptsächlich diese besprechen werden.[35]

6.1.1 Sätze als Parenthese

Wie wir bereits in (1) gesehen haben, können V2-Sätze als Parenthesen fungieren. Dasselbe gilt für V1-Sätze; beide behalten ihre eigene Illokution und treten somit als Hauptsätze auf:

(7) War die Prüfung (*das meint nämlich unser Kommilitone Paul*) wirklich so schwer?

(8) Dieser – *verzeihen Sie mir den Ausdruck* – Idiot hat seine Frau verlassen.
(D'Avis 2005: 261)

Die V2-Parenthese in (7) ist eine Aussage, während der Trägersatz eine Entscheidungsfrage ist; in (8) ist der Trägersatz eine Aussage, während die Parenthese eine Aufforderung darstellt. Die parenthetischen Sätze werden im Mittelfeld bzw. im Vorfeld innerhalb der Nominalgruppe zwischen Artikel und Nomen eingeschoben. Semantisch gesehen wirken sie als Kommentare zu dem Gesagten: In (7) begründet der Sprecher seine Frage mit der Angabe einer Quelle, in (8) kommentiert er seine Wortwahl.

Auch Verbend-Sätze können Parenthesen sein, vgl. (9):

(9) a. Sie hat – *dass sie sich nicht schämt!* – einen Antrag auf staatliche Hilfe gestellt.
b. Ist für Sie, *wenn ich Sie fragen darf,* eine solche Entscheidung noch politisch tragbar?
c. Herr Maier hat Paula – *weil sie einen kleinen Fehler gemacht hat* – gefeuert.

Diese können, wie V1- und V2-Sätze, syntaktisch unabhängig sein, wie in (9a); sie können aber auch Adverbialsätze sein, wie in (9b) und (9c). Wenn ein Ad-

---

35 Da wir aus Kohärenzgründen die nicht-satzförmigen Parenthesen ausklammern, gehen wir auch nicht auf die Frage ein, welche Unterschiede und Gemeinsamkeiten Parenthesen und lockere Appositionen (wie *Karl, mein neuer Nachbar*; vgl. Musan 2013: Kap. 9.5) sowie andere Arten von „Nachträgen und Zusätzen" (um die Amtliche Rechtschreibregelung zu zitieren) haben. So sieht Döring (2018) alle Parenthesen als satzwertige Einheiten.

verbialsatz parenthetisch eingeschoben wird, wirkt er nicht unmittelbar auf der Ebene des Satzinhaltes (der Proposition), sondern nimmt Bezug auf die Äußerung des Satzes: Der Konditionalsatz in (9b) nennt nicht die Bedingung für die politische Tragbarkeit der Entscheidung, sondern für das Stellen der Frage im Trägersatz. Dies wird hier bereits semantisch, durch die Wortwahl im Konditionalsatz, festgelegt. In (9c) wird der Bezug auf die Ebene der sprachlichen Handlung nicht durch die Semantik des kausalen Adverbialsatzes hergestellt. *Weil sie einen kleinen Fehler gemacht hat, hat Herr Maier Paula gefeuert* wäre mit lexikalisch identischem Konditionalsatz eine Nennung des Grundes für die Kündigung. Man versteht (9c) dennoch anders: Hier gehört der *weil*-Satz nicht unmittelbar zum Satzinhalt, was man daran sehen kann, dass er nicht im Skopus einer Negation steht, vgl. (10) vs. (11):

(10) Herr Maier hat Paula nicht gefeuert, weil sie einen kleinen Fehler gemacht hat
     a. ..., sondern weil er lieber seiner Frau die Stelle geben will.

(11) Herr Maier hat Paula nicht – weil sie einen kleinen Fehler gemacht hat – gefeuert,
     a. ... *, sondern weil er lieber seiner Frau die Stelle geben will.

In (10) kann mit *nicht* zum einen *hat Paula gefeuert* negiert werden, zum anderen aber kann auch der *weil*-Satz im Skopus der Negation stehen, so dass nur der Grund negiert wird und nicht die Tatsache des Kündigens (10a). Dies ist möglich, da *nicht* generell zur Konstituentennegation möglich ist und der Adverbialsatz eine Konstituente des Hauptsatzes ist. Wird der Adverbialsatz durch die Interpunktion explizit als eine Parenthese markiert, kann er nicht mehr im Skopus der Negation stehen, so dass (11) nur bedeuten kann, dass Paula nicht gefeuert wurde; das sieht man daran, dass (11a) entsprechend semantisch abweichend ist.

Zusammenfassend kann festgehalten werden, dass Parenthesen nicht zu dem semantischen Satzgehalt (zu der Proposition) gehören. Sie bringen ‚Nebeninformationen' ein, welche oft einen Kommentar zu der Form des geäußerten Satzes oder zu dem Grund, warum man ihn äußert, darstellen. Auch wenn sie, wie in (9c), kein solcher Kommentar sind, sind es Informationen, die nicht Teil der eigentlichen Mitteilung sind, oder, wie Pittner (1995) es erfasst, nicht die eigentliche Textfrage[36] beantworten, sondern zusätzliche, für die Textfrage nebensächliche Informationen liefern: In (9c) geht es im Wesentlichen um Paulas Kündigung, ihr Grund ist nicht Teil der mitgeteilten Information (→ Kap. 6.1.3).

6.1.2 Satzglieder als Parenthese

Während bei klassischen Parenthese-Fällen eine syntaktisch völlig unabhängige Einheit eingeschoben wird, die keine Satzgliedfunktion trägt, können auch Satzglieder und Attribute intonatorisch bzw. graphisch als parenthetisch markiert werden. Dies gilt wiederum für Wörter, Wortgruppen und Nebensätze, vgl. (12)–(14):

(12)   Er hat eine – *befristete* – Aufenthaltserlaubnis erhalten. (ähnlich Primus 2008: Bsp. 20)
(13)   Das waren Ereignisse, die – *für wenige Tage* – für Aufregung sorgten.
(14)   a.   Vielleicht muss ich – *wenn ich keinen Urlaub bekomme* – doch zu Hause bleiben.
       b.   Mein Chef – *der übrigens selbst gerade im Urlaub ist* – muss das entscheiden. (D'Avis 2005)

Primus (2008: 51) zeigt für parenthetische pränominale adjektivische Attribute wie in (10), dass ihnen „aufgrund ihrer strukturellen Position, ihrer Flexion und ihrer Kategorie eine syntaktische Funktion zugeordnet werden" kann. Durch die Markierung als Parenthese wird das Attribut als eine „nicht einschränkende Nebeninformation" (Primus 2008: 57) präsentiert, d. h. als ein nicht restriktives Attribut;[37] zugleich wird es durch die graphische Markierung stärker hervorgehoben, die Aufmerksamkeit wird beim Lesen darauf fokussiert (→ Kap. 6.1.4).

---

36   Pittner (1995) rekurriert hier auf den Quaestio-Ansatz von Klein & von Stutterheim (1987; auch 2019), wonach jeder Text eine Textfrage (Quaestio) beantwortet, wobei als Antwort auf diese Frage Informationen zu Personen und Objekten, Zeiten und Orten gegeben werden.
37   Nicht restriktive Attribute sind solche, die nicht die Menge des durch das Kopfnomen Bezeichneten einschränken; sie sind für die Wahrheitsbedingungen des Satzes irrelevant (→ Kap. 5.2).

6.1.3 Parenthese und indirekte Rede

Wie in Kapitel 2 kurz skizziert, kann die Rede- bzw. Gedankeneinleitung bei indirekter Rede bzw. der Gedankenwiedergabe als ein parenthetischer Einschub analysiert werden:

(15)   Das sei, *sagte sie*, doch keineswegs sicher.
(16)   Das ist, *dachte sie*, doch keineswegs sicher, warum tun sie nur so?

Denn obwohl hier der Trägersatz semantisch die von *sagen* bzw. *denken* eröffnete Leerstelle besetzt, ist er syntaktisch nicht subordiniert. Die Rede- bzw. Gedankeneinleitung kann, wie bei anderen Parenthesen auch, in jedes Feld eingefügt werden, und hat, wie auch andere in 6.1 besprochene Parenthesen, eine kommentierende Funktion in Bezug auf den Trägersatz:

(16')   a.   Das, *dachte sie*, ist doch keineswegs sicher, warum tun sie nur so?
        b.   Das ist doch keineswegs, *dachte sie*, sicher, warum tun sie nur so?
        c.   Das ist doch keineswegs sicher, warum, *dachte sie*, tun sie nur so?

Auffällig ist, dass die Parenthese V1- oder V2-Struktur haben kann, ohne dass sich die Struktur des ganzen Satzes ändert. Auch dies spricht gegen eine syntaktische Beziehung zwischen den beiden Sätzen:

(16')   a.   Das, dachte sie, ist doch keineswegs sicher.
        b.   Das, (so) dachte sie, ist doch keineswegs sicher.

Und letztlich muss das Verb in der Parenthese keine Leerstelle öffnen, es können auch semantisch einstellige Verben wie *lachen* verwendet werden:

(17)   a.   Das sei, *lachte sie*, doch keineswegs sicher.
        b.   *Das lachte sie.

Während eine Redewiedergabe mit *lachen* wohlgeformt ist (und so verstanden wird, dass jemand lachend spricht), kann kein direktes Objekt i.e.S. (17b) mit *lachen* auftreten. Dies zeigt, dass der Trägersatz nicht auf der syntaktischen Ebene mit der Redeeinleitung verbunden ist, sondern dass diese Verbindung anders erfolgt, und zwar auf der textuell-pragmatischen Ebene.

Deshalb analysieren wir eine Rede- und Gedankeneinleitung als eine Parenthese in einem der Satzfelder:

				Satzklammer			
	V2-Satz	VF	LVS	MF		RVS	NF
(16')	S0	Das [S_{PAR}]	ist	doch keineswegs sicher		-	-
	V1-Satz	LVS		MF		RVS	NF
a.	S_{PAR}	dachte		sie		-	-
	V2-Satz	VF	LVS	MF		RVS	NF
b.	S_{PAR}	so	dachte	sie			

Tab. 6-4: Redeeinleitung als Parenthese

6.1.4 Funktionen der Parenthesen

Wenn oben Pittners (1995) Analyse von Parenthesen als ‚Nebeninformation', die nicht Teil der eigentlichen Mitteilung ist, übernommen wurde, so bedeutet dies keineswegs, dass Parenthesen nicht kommunikativ wichtig sind. Pittner (1995) zeigt, dass vor allem parenthetisch eingeschobene Wörter oder Phrasen durch das Einschieben besonders hervorgehoben werden. Sie erklärt es so, dass der Einschub sie zu eigenständigen Informationseinheiten macht, was sie sonst nicht wären, und sie dadurch „aufwertet".

(18)   a.   Er hat eine befristete Aufenthaltserlaubnis erhalten.
        b.   Er hat eine – befristete – Aufenthaltserlaubnis erhalten.

Auch in (8) oben wird die emotionale Kraft des Schimpfwortes *Idiot* durch das explizite Kommentieren der Wortwahl in der Parenthese erhöht. An diesem Beispiel kann man sehen, dass es kein Widerspruch ist, dass die Parenthese zugleich eine Nebeninformation und hervorgehoben sein kann: Die Parenthese führt erstens dazu, dass ihr Gehalt nicht einfach zu dem Bedeutungsgehalt des Satzes hinzugefügt wird, sondern zweitens als eine markierte Form (→ Kap. 2) ein Mehr an Bedeutung mit sich trägt und als eine eigenständige Informationseinheit auf einer anderen Ebene als die Satz-Proposition hinzukommt. Welche Ebene das genau ist, ob die Parenthese ein Kommentar zu dem Gesagten wie in (8) oben, eine Ergänzung, die den Lauf der eigentlichen Erzählung nicht unterbrechen soll (vgl. Böttcher 2009: 168), wie in (19) unten, oder ein Attribut, das hervorgehoben werden soll, wie in (18), usw. ist – dies hängt von dem Kontext der Parenthese ab.

(19) Am Nachmittag besuchte ich draußen vor der Stadt – wir wohnten damals einige Wochen in Bukarest – den Frühjahrsmarkt. (Hugo Marti, *Rumänisches Intermezzo*)

6.2 Zeichensetzung bei Parenthesen

Die Amtlichen Regeln für die Zeichensetzung bei Parenthesen kann man zusammenfassen als *Parenthesen werden immer abgegrenzt, und zwar nach Wahl durch Kommata, Gedankenstriche oder Klammern.* Bredel (2011: 76) zeigt, dass es dabei eine klare funktionale Differenzierung zwischen dem Komma einerseits und dem Gedankenstrich und Klammern andererseits gibt. Nur das Komma ist nach Bredel ein syntaktisches Zeichen (s. o.); der Gedankenstrich ist ein Scanning-Zeichen, d. h. ein Zeichen, das beim schnellen Erfassen des Schriftbilds hilft und einen Abbruch der Verarbeitungsaktivität und eine Neuorientierung anzeigt (Bredel 2011: 44). Die Klammern sind ein kommunikatives Zeichen, das Lesenden anzeigt, dass eine bestimmte Information von Schreibenden als eine zusätzliche, oft den Text kommentierende oder ergänzende, Information präsentiert wird (Bredel 2011: 61). Ihrer Funktion entsprechend

> „greifen [sie] unterschiedliche Eigenschaften der Parenthese auf. Das Komma reagiert auf die fehlende syntaktische Integration, die Klammer auf die Art der gegebenen Information (Nebeninformation), der Gedankenstrich auf das Erfordernis des Konstruktionsabbruchs." (Bredel 2011: 76)

Diese Differenzierung führt zu einer Arbeitsteilung im Bereich der Parenthese: „Weil Klammer und Gedankenstrich syntaxunabhängig agieren, können mit ihnen auch solche Ausdrücke wie Parenthesen behandelt werden, die syntaktisch voll integriert sind" (ibid.), wie z. B. flektierte pränominale Attribute, vgl. (20). Bei diesen sind Kommata ausgeschlossen, vgl. (21):

(20) a. Er hat eine (befristete) Aufenthaltserlaubnis erhalten.
     b. Er hat eine – befristete – Aufenthaltserlaubnis erhalten.
(21) *Er hat eine, befristete, Aufenthaltserlaubnis erhalten.

Bei satzwertigen Parenthesen sind alle drei Zeichen generell möglich, denn hier markiert das Komma eine syntaktische Grenze. Damit aber die Parenthese eindeutig markiert ist, reicht das Komma nur dann aus, wenn aus der Syntax bereits eindeutig der Einschubcharakter ersichtlich ist. Dies ist der Fall erstens beim Einschub formal und funktional selbstständiger Sätze (22a) oder bei Sätzen, die aufgrund ihrer Bedeutung explizite Kommentare sind (22b), und zweitens bei der Stellung zwischen VF und der linken Verbstelle (23):

(22) a. Und jetzt bin ich, *so hatte ich vorhin sagen wollen*, Verwalter auf dem Berklingerhof.
b. Ist für Sie, *wenn ich Sie fragen darf*, eine solche Entscheidung noch politisch tragbar?
(23) Und jetzt, *weil er mich trotz dieser Panne angestellt hat*, bin ich Verwalter auf dem Berklingerhof.

Bei potenziellen Adverbialsätzen im Mittelfeld reicht die Kommasetzung nicht aus, um einen Parenthesencharakter zu markieren; hier müssen Gedankenstriche oder Klammern verwendet werden, je nachdem, ob die Parenthese einem Abbruch und Neuorientierung oder einer Informationsgewichtung dienen soll, vgl. (24) vs. (25):

(24) Ich muss, *wenn ich keinen Urlaub bekomme*, im Sommer zu Hause bleiben.
(25) a. Ich muss – *wenn ich keinen Urlaub bekomme* – im Sommer zu Hause bleiben.
b. Ich muss *(wenn ich keinen Urlaub bekomme)* im Sommer zu Hause bleiben.

In (24) ist der Konditionalsatz nicht eindeutig als Parenthese zu erkennen, in (25) jedoch schon, wobei (25b) stärker die Parenthese als eine Nebeninformation gewichtet, die keine Auswirkung auf die Wahrheitsbedingungen des Satzes hat (s. o.).

6.3 Zusammenfassung und Literaturhinweise

Satzwertige Parenthesen können als eine nicht-prototypische, markierte dritte Art der Satzverknüpfung angesehen werden. Hierbei werden syntaktisch unabhängige Teilsätze (V1, V2 oder VE) oder aber potenziell syntaktisch abhängige Attribut- oder Adverbialsätze (VE) in eine Satzstruktur so eingefügt, dass diese Einfügung graphisch und intonatorisch als Einschub markiert wird. Die markierte Einfügung erlaubt es, Parenthesen für vielfältige Funktionen wie Kommentierung, Hervorhebung, Strukturierung einer Erzählung usw. zu nutzen. Für die graphische Markierung der Parenthesen sind generell Kommata, Gedankenstriche und Klammern zulässig, wobei es eine klare formale und funktionale Arbeitsteilung zwischen diesen Interpunktionszeichen gibt.

Einen Überblick über die syntaktischen und funktionalen Eigenschaften von Parenthesen geben Pittner (1995) und D'Avis (2005); letzterer schlägt eine generativ orientierte syntaktische Analyse als lokale syntaktische Anbindung (Adjunktion) von Parenthesen vor. Döring (2018) gibt eine einheitliche (ebenfalls generativ orientierte) syntaktische Analyse für Parenthesen und Appositionen an. Ein Überblick über die Zeichensetzung allgemein findet sich bei Bredel (2011); Primus (2008) bespricht die pränominalen attributiven Parenthesen und deren syntaktische, semantische, textpragmatische und graphematische Eigenschaften.

6.4 Aufgaben

1. Analysieren Sie die Sätze im PSM; kennzeichnen Sie dabei die Parenthese; bestimmen Sie die Verbstellung des parenthetisch eingefügten Satzes und beschreiben Sie die Funktion der Parenthese:
   (1) Über dem Tisch, auf dem eine auseinandergepackte Musterkollektion von Tuchwaren ausgebreitet war – Samsa war Reisender – hing das Bild, das er vor kurzem aus einer illustrierten Zeitschrift ausgeschnitten und in einem hübschen, vergoldeten Rahmen untergebracht hatte. Gregors Blick richtete sich dann zum Fenster, und das trübe Wetter – man hörte Regentropfen auf das Fensterblech aufschlagen – machte ihn ganz melancholisch.
   Und schon liefen die zwei Mädchen mit rauschenden Röcken durch das Vorzimmer – wie hatte sich die Schwester denn so schnell angezogen? – und rissen die Wohnungstüre auf. (Franz Kafka, *Die Verwandlung*)

7 Fazit

In diesem Band steht der komplexe Satz als eine syntaktische Einheit und als ein Gegenstand für einen systematischen funktionalen Deutschunterricht im Fokus. Als eine Einheit am Übergang zwischen Satz und Text ist der komplexe Satz ein vielschichtiges sprachliches Phänomen. Wir plädieren für einen prototypenbasierten Blick auf die Satzverknüpfung, wobei sich die Vielfalt der formalen und funktionalen Typen mithilfe der Merkmale ±Verbend-Stellung und ±Satzglied- bzw. Attributfunktion um den Verbend-Satzglied-Prototypen herum gestaltet. Zentral ist auch die Perspektive auf den komplexen Satz als eine Einheit der Sprachverarbeitung: Durch intonatorische bzw. schriftkonventionelle Signale kann eine Abfolge von einfachen Sätzen für die mentale Verarbeitung der Sprache als ein komplexer Satz markiert werden. Dies hat wiederum syntaktische, semantische und textfunktionale Folgen: Syntaktisch gesehen entsteht eine komplexe syntaktische Einheit mit bestimmten Aufbauregeln. Semantisch gesehen werden mehrere Satzinhalte in Beziehung zueinander gesetzt und relativ zueinander gewichtet. Aus der Textperspektive hat die Wahl einer bestimmten Satzform Auswirkungen auf den Stil und spielt mit der Textsorte zusammen.

Diese Vielschichtigkeit prädestiniert den komplexen Satz als Unterrichtsgegenstand für einen funktionalen und zugleich systematischen Deutschunterricht. In Kapitel 3 skizzieren wir exemplarisch, wie ein solcher Unterricht für Satzgefüge aussehen kann.

Textbeispiele

Adalbert Stifter, Der Bergkristall (online über das Projekt Gutenberg-DE, www.projekt-gutenberg.org; zuletzt abgerufen am 02.09.21).

Alfred Mombert, Ich hörte den Wind (aus: Ausgewählte Gedichte, online über das Projekt Gutenberg-DE, www.projekt-gutenberg.org; zuletzt abgerufen am 02.09.21).

Antoine de Saint-Exupéry, Da kloa Prinz. Ins Bairische gebracht von Gerd Holzheimer, München 2016.

Britta Pawlak, Gewaltiges Naturschauspiel mit Blitz und Donner (https://www.helles-koepfchen.de/gewitter-blitz-und-donner-verhalten.html, zuletzt aktualisiert am 04.06.2018, zuletzt abgerufen am 02.09.2021).

Britta Pawlak, Was passiert bei einer Mondfinsternis (https://www.helles-koepfchen.de/artikel/3064.html?, zuletzt aktualisiert am 21.01.2019, zuletzt abgerufen am 24.04.2021).

Charles Dickens, Great Expectations (online unter: www.literatureproject.com; deutsche Übersetzung: Große Erwartungen, online über das Projekt Gutenberg-DE, www.projekt-gutenberg.org; zuletzt abgerufen am 02.09.21)

Comedian Harmonists, Veronika, der Lenz ist da (www.songtexte.com, zuletzt abgerufen am 02.09.21)

Der erste Piratenschultag; in: (Vor-)Lesegeschichten mit den Inselpiraten Finn und Fine. Komm mit in das gesunde Boot – Ein Programm der Baden-Württemberg Stiftung. Donauwörth 2013.

E.T.A. Hoffmann, Der goldne Topf. (online über das Projekt Gutenberg-DE, www.projekt-gutenberg.org; zuletzt abgerufen am 02.09.21).

Franz Kafka, Die Verwandlung. (online über das Projekt Gutenberg-DE, www.projekt-gutenberg.org; zuletzt abgerufen am 02.09.21).

Hugo Marti, Rumänisches Intermezzo (online über das Projekt Gutenberg-DE, www.projekt-gutenberg.org; zuletzt abgerufen am 02.09.21).

Jakob und Wilhelm Grimm, Die schönsten Märchen (online über das Projekt Gutenberg-DE, www.projekt-gutenberg.org; zuletzt abgerufen am 02.09.21):
- Aschenputtel
- Die drei Brüder

Johann Wolfgang von Goethe, Werke (online über das Projekt Gutenberg-DE, www.projekt-gutenberg.org; zuletzt abgerufen am 02.09.21).
- Die Leiden des jungen Werther
- Iphigenie auf Tauris
- Wahlverwandtschaften

Max Frisch, Homo Faber. Suhrkamp, ^{84}2016.

Peter Stamm, Agnes. S. Fischer Verlage, 2012.
Sprichworte der Welt: http://sprichworte-der-welt.de/deutsche_sprichworte/deutsche_sprichworte_22.html
Thomas Bernhard, Der Geldbriefträger; in: Erzählungen, hrsg. von Hans Höller et al. Frankfurt/Main, S. 208.
Wilhelm Busch, Max und Moritz (online über das Projekt Gutenberg-DE, www.projekt-gutenberg.org; zuletzt abgerufen am 02.09.21).

Glossar

Einfacher Satz. Ein einfacher Satz ist eine Einheit, die ein Prädikat enthält.

Hauptsatz. Der Hauptsatz ist ein Teilsatz, der nicht einem anderen formal oder funktional untergeordnet ist.

Infinitiv, nicht-satzwertiger. Ein reiner Infinitiv muss, ein *zu*-Infinitiv kann nicht-satzwertig sein, d. h. er ist Teil der rechten Verbstelle und bildet zusammen mit einem finiten Verb das Prädikat.

Infinitiv, satzwertiger. Ein *zu*-Infinitiv kann satzwertig sein, d. h. ein infiniter Nebensatz mit einer eigenen Felderstruktur und einer syntaktischen Funktion in dem ihn einbettenden Satz.

Komplexer Satz. Ein komplexer Satz ist eine graphematisch und syntaktisch abgeschlossene sprachliche Einheit, die mehr als ein finites oder infinites Prädikat beinhaltet.

Koordination. Die Koordination ist eine Verbindung zweier oder mehrerer funktional (und oft formal) gleicher Einheiten mit oder ohne koordinierende Konjunktionen. Werden Sätze koordiniert, so ändert sich ihre Verbstellung mit dem Hinzufügen der Konjunktion nicht.

Matrixsatz. Ein Matrixsatz (auch: Trägersatz; Obersatz) ist ein Teilsatz, von welchem ein anderer Teilsatz (ein → Nebensatz) formal und/oder funktional direkt abhängig ist.

Nebensatz. Ein Nebensatz ist ein Teilsatz, der in einem anderen Teilsatz eine Satzglied- oder eine Attribut-Funktion übernimmt und/oder formal gesehen ein Verbendsatz ist. Bei prototypischen Nebensätzen treffen beide Eigenschaften zugleich zu.

Parenthese. Die Parenthese ist eine sprachliche Einheit (ein Wort, eine Wortgruppe oder ein Satz), die unabhängig vom umgebenden Satz ist und die lineare Satzstruktur unterbricht.

Satzgefüge. Ein komplexer Satz, der durch → Subordination gebildet wird und so mindestens einen → Nebensatz enthält.

Satzreihe. Eine Verknüpfung von mindestens zwei → Hauptsätzen durch → Koordination.

Subordination. Unter Subordination (auch: syntaktische Unterordnung, Hypotaxe) versteht man die formale und/oder funktionale Unterordnungsbeziehung zwischen dem Matrixsatz und dem Nebensatz.

Topologisches Satzmodell. Das topologische Modell (Feldermodell) ist ein lineares Modell für einfache und komplexe Satzstrukturen des Deutschen, das den Satz ausgehend von der Stellung der Verbformen in Felder aufteilt.

Lösungsvorschläge zu den Aufgaben

Kapitel 1

(1)

V2-Satz	AF	VF	LVS	MF	RVS	NF
				Satzklammer		
S_0	–	S_1	fand	er sich in seinem Bett zu einem ungeheueren Ungeziefer verwandelt	–	–

VE-Satz	AF	SE	MF		VS	NF
			Satzklammer			
S_1	–	als	Gregor Samsa eines Morgens aus unruhigen Träumen		erwachte,	–

(2)

V2-Satz	AF	VF	LVS	MF	RVS	NF
				Satzklammer		
S_{0-1}	–	Er	lag	auf seinem panzerartig harten Rücken	–	–

V2-Satz	AF	VF	LVS	MF	RVS	NF
				Satzklammer		
S_{0-2}	und	(er)	sah,	S_1, seinen gewölbten, braunen, von bogenförmigen Versteifungen geteilten Bauch,	–	S_2

VE-Satz	AF	SE	MF		VS	NF
			Satzklammer			
S_1	–	wenn	er den Kopf ein wenig		hob,	–

			Satzklammer			
VE-Satz	**AF**	**SE**	**MF**		**VS**	**NF**
S_2	–	auf dessen Höhe	sich die Bettdecke kaum noch		erhalten konnte	–

(3)

				Satzklammer		
V2-Satz	**AF**	**VF**	**LVS**	**MF**	**RVS**	**NF**
S_0	–	Seine vielen, im Vergleich zu seinem sonstigen Umfang kläglich dünnen Beine	flimmerten	ihm hilflos vor den Augen	–	–

Kapitel 2

1.

Nebensatz	Form	Satzglied(teil)
wie es weitergehen soll	VE	ja, Präpositionalobjekt
sollte der Staat zur Eindämmung der Epidemie auf die Mobilfunkdaten der Bürgerinnen und Bürger zugreifen können	V1	ja, Akkusativobjekt
damit sich diese nicht anstecken	VE	ja, finales Adverbial
was passiert	VE	ja, Akkusativobjekt

2.

Satz	Form	Funktion	prototypisch
sich erstmalig an einer Hochschule in Baden-Württemberg einzuschreiben	VE	Objektsatz	ja
wie das Statistische Landesamt am Mittwoch in Stuttgart mitteilte	VE	–	nein
Wird dieser Trend anhalten	V1	Adverbialsatz	nein

				Satzklammer			
V2-Satz	AF	VF	LVS	MF		RVS	NF
S_0	–	So	entschieden	sich nur noch knapp 56.800 Studierende,		–	S_1

			Satzklammer			
VE-Satz	AF	SE	MF		VS	NF
S_1	–	–	sich erstmalig an einer Hochschule in Baden-Württemberg		einzuschreiben	

				Satzklammer			
V2-Satz	AF	VF	LVS	MF		RVS	NF
S_0	–	S_1	bekommen	Hochschulen ein Problem		–	–

			Satzklammer		
V1-Satz	AF	LVS	MF	RVS	NF
S_1	–	Wird	dieser Trend	anhalten,	–

3. Die im Vorfeld stehende Nominalphrase *Das Ausbleiben von Studierenden aus dem Ausland* ist lang, sodass nach ihr oft eine Pause gemacht und auch fälschlicherweise kommatiert wird. Da es sich um eine Nominalphrase und nicht um einen Teilsatz handelt, darf zwischen dem Vorfeld und der linken Verbstelle in diesem Fall kein Komma gesetzt werden.

4.
Relativsätze:
der seit dem Pariser Klimavertrag von 2015 die Debatte bestimmt (attributiver *d*-RS)
wer nachrechnet (freier RS)

Attributsätze:
der seit dem Pariser Klimavertrag von 2015 die Debatte bestimmt (Attribut zu *Symbolwert*, RS)
wie viele Treibhausgase in den kommenden Jahren ausgestoßen werden sollen (Attribut zu *Zielsetzung*; Interrogativsatz)
es sei bis heute nicht nachgewiesen, dass ... (Attribut zu *Behauptung*; V2-Satz).

Im oberen Beispiel sehen wir Relativsätze, die nicht nur Attribute, sondern auch Satzglieder sein können, sowie Attributsätze, die Interrogativsätze oder V2-Sätze sind. Weder ist ein Relativsatz immer ein Attribut noch ein Attribut immer ein Relativsatz, deshalb ist die Unterscheidung dieser beiden Kategorien sinnvoll.

Kapitel 3

1. Die Bedeutsamkeit der Auseinandersetzung mit einem grammatischen Phänomen kann für die Schüler:innen im Rahmen einer Sprachbetrachtungssituation durch Distanzierung, Deautomatisierung und Dekontextualisierung des jeweiligen grammatischen Unterrichtsgegenstandes erreicht werden. Den Schüler:innen wird dadurch ermöglicht, das grammatische Phänomen selbstständig zu entdecken sowie funktional und formal zu reflektieren.

Methodisch kann beispielsweise mit der Kontrastierung von Texten oder didaktisch verfremdeten Texten gearbeitet werden, sodass eine Diskrepanzerfahrung zwischen implizitem Sprachwissen und dem dysfunktionalen Sprachbeispiel entsteht.

Im weiteren Reflexionsprozess kann das grammatische Phänomen durch operative Verfahren, Hypothesenbildung, Textproduktion sowie Textüberarbeitung induktiv und systematisch erfasst werden.

2. Mit dem propädeutischen Satztopologiemodell (PSM) können zentrale Merkmale von Satzgefügen und Nebensätzen formal erfasst werden.

Die prototypische Satzstruktur von Nebensätzen wird durch das VE-Satzschema dargestellt. Dabei werden durch die Satzklammer charakteristische Formmerkmale prototypischer Nebensätze fokussiert, z. B. die Satzeinleiterposition oder die Verbstelle.

Diese formalen Kriterien für Nebensätze ermöglichen es, auf das problematische Selbstständigkeitskriterium zur Identifikation von Nebensätzen zu verzichten. Zudem wird das Verbendstellungskriterium präzisiert, da nach der Verbstelle VS noch sprachliche Einheiten im Nachfeld NF auftreten können. Mit der transparenten Terminologie (z. B. Satzeinleiterposition, Verbstelle) wird die Struktur prototypischer Nebensätze anschaulich. Schließlich zeigt das VE-Schema die strukturelle Ähnlichkeit von subjunktional und pronominal eingeleiteten VE-Sätzen.

Neben zentralen Formmerkmalen prototypischer Nebensätze ermöglicht das propädeutische Satztopologiemodell durch den Vorfeldtest sowohl prototypische als auch periphere Nebensätze als Satzglieder bzw. als Satzgliedteile zu identifizieren und somit als Teile des Hauptsatzes zu erkennen. Zugleich wird dadurch die Einbettungsstruktur von Satzgefügen angezeigt, indem Nebensätze in einem Feld des übergeordneten Satzes stehen.

Schließlich kann das propädeutische Satztopologiemodell auch dazu beitragen, die Interpunktion bei Satzgefügen transparent zu vermitteln. Indem das VE-Satzschema um die beiden Kommastellen vor der Satzeinleiterposition SE und nach dem Nachfeld NF erweitert wird, wird die Interpunktion bei Satzgefügen anschaulich gemacht.

3. Eine rein semantische Identifikation von Nebensätzen birgt die Gefahr einer abduktiven Überdehnung des Nebensatzbegriffs. Beispielsweise kann die Kausalitätsrelation nicht nur durch Kausalsätze ausgedrückt werden. Ebenso ist die Vorstellung, dass in Nebensätzen nur Nebensächliches steht, zur Identifikation von Nebensätzen nicht zielführend.

Um die formalen Aspekte zur Bestimmung von Nebensätzen zu stärken, bietet sich das propädeutische Feldermodell an, mit dem sich klar zwischen Form und Funktion von Nebensätzen differenzieren lässt. Nachdem Nebensätze formal erkannt worden sind, lassen sich diese gegebenenfalls semantisch weiter differenzieren.

4. Signalwörter stellen ein heuristisches Mittel dar, um Nebensätze zu erkennen. Zu beachten ist allerdings, dass Nebensätze ohne Signalwörter nicht erfasst werden (z. B. Infinitivsätze, V1- und V2-Nebensätze) und Signalwörter zudem nicht nur als Satzeinleiter von Nebensätzen vorkommen, was die Identifikation von Nebensätzen erschweren kann.

Im Unterschied dazu können Nebensätze mit dem propädeutischen Satztopologiemodell durch den Vorfeldtest auch dann identifiziert werden, wenn sie uneingeleitet sind.

Zudem ist eine topologische Identifikation von Nebensätzen nicht an konkrete Signalwörter gebunden, sondern fokussiert die formale Struktur von Nebensätzen, sodass mit der Satzeinleiterposition und der Verbstelle nach dem Mittelfeld operationalisierbare Kriterien vorliegen, um Nebensätze zu identifizieren. Des Weiteren lassen sich Gliedsätze über den Vorfeldtest erkennen.

Kapitel 4

1. Analysieren Sie (1) topologisch:
(1)

V2-Satz	AF	VF	Satzklammer			
			LVS	MF	RVS	NF
S_{0-1}	–	Das Mädchen	ging	jeden Tag hinaus zu dem Grabe der Mutter	–	–
S_{0-2}	und	~~(das Mädchen)~~	weinte	-	–	–
S_{0-3}	und	~~(das Mädchen)~~	blieb	fromm und gut	–	–

V2-Satz	AF	VF	LVS	MF	RVS	NF
				Satzklammer		
S_{0-1}	–	S_1	deckte	der Schnee ein weißes Tüchlein auf das Grab	–	–
S_{0-2}	und	S_2	nahm	sich der Mann eine andere Frau	–	–

VE-Satz	AF	SE	MF	VS	NF
				Satzklammer	
S_1	–	als	der Winter	kam	–
S_2	–	als	die Sonne im Frühjahr es wieder	herabgezogen hatte	–

2.

Das Mädchen ging jeden Tag hinaus zu dem Grabe der Mutter **und** weinte **und** blieb fromm und gut.	V2-Sätze (zweiter und dritter mit Subjektellipse)
fromm **und** gut	Adjektive
([Als der Winter kam], deckte der Schnee ein weißes Tüchlein auf das Grab), **und** ([als die Sonne im Frühjahr es wieder herabgezogen hatte], nahm sich der Mann eine andere Frau.)	zwei Satzgefüge

3. Um funktionale und formale Aspekte von Parataxen fokussieren zu können, bietet sich eine Sprachbetrachtungssituation an, die beispielsweise durch einen Textvergleich zwischen einem Text mit und einem Text ohne parataktische Satzverknüpfungen oder durch einen verfremdeten, dysfunktionalen Text initiiert wird.

Im Reflexionsprozess können sich die SuS mit unterschiedlichen semantischen Relationen zwischen den verbundenen Hauptsätzen auseinandersetzen. In formaler Hinsicht differenzieren die SuS zwischen Hypotaxen, die eine Einbettungsstruktur aufweisen, und Parataxen, bei denen die verknüpften Sätze einander nebengeordnet sind. Unterstützt werden diese Erkenntnisse durch den Einsatz des propädeutischen Satztopologiemodells: Prototypische Hypotaxen weisen einen VE-Nebensatz auf, der in einem Feld des übergeordneten

Satzes steht, während parataktisch verbundene Sätze in unterschiedlichen Analysezeilen stehen und nicht in einem Feld des jeweils nebengeordneten Satzes enthalten sind.

4. Im ersten Schritt kann die Kommasetzung bei asyndetischen Parataxen funktional fokussiert werden. Beispielsweise können die SuS die Kommasetzung anhand eines Textes, der keine Kommata zwischen asyndetisch gereihten Sätzen aufweist, als Gliederungssignal verstehen, welches das Textverstehen erleichtert.

Im zweiten Schritt kann die Interpunktion bei syndetisch gereihten Satzverbindungen wissenschaftspropädeutisch geklärt werden. Dazu sollen die SuS anhand eines Textes Hypothesen bilden, welche die Kommasetzung im Text erklären. Es bietet sich an, zunächst einen didaktisch reduzierten Text heranzuziehen, aus dem herausgearbeitet werden kann, dass vor additiven Konjunktionen wie *und* bzw. *oder* kein Komma gesetzt werden muss, während bei adversativen Konjunktionen wie *aber* bzw. *doch* ein Komma zu setzen ist; anschließend kann eine mögliche Übergeneralisierung ausgeschlossen werden (→ Kap. 4).

Kapitel 5

1.
(1) Im Gehen gab sie Sophien, der ältesten Schwester nach ihr, einem Mädchen von ungefähr elf Jahren, den Auftrag, wohl auf die Kinder acht **zu haben** und den Papa **zu grüßen**, wenn er vom Spazierritte nach Hause käme. Den Kleinen sagte sie, sie sollten ihrer Schwester Sophie **folgen**, als wenn sie's selber wäre [...]. Die zwei ältesten Knaben waren hinten auf die Kutsche geklettert, und auf mein Vorbitten erlaubte sie ihnen, bis vor den Wald **mitzufahren**, wenn sie versprächen, sich nicht **zu necken** und sich recht **festzuhalten**.

Wir hatten uns kaum zurecht gesetzt [...], als Lotte den Kutscher **halten** und ihre Brüder **herabsteigen** ließ, die noch einmal ihre Hand zu küssen begehrten [...]

Lösungsvorschläge zu den Aufgaben — 151

folgen, halten, herabsteigen	bloße Infinitive
acht zu haben, (den Papa) zu grüßen, (bis vor den Wald) mitzufahren, (sich nicht) zu necken, (sich recht) festzuhalten, (ihre Hand) zu küssen	*zu*-infinitive
acht zu haben, (den Papa) zu grüßen, (bis vor den Wald) mitzufahren, (sich nicht) zu necken, (sich recht) festzuhalten,	klar satzwertige *zu*-Infinitive
(ihre Hand) zu küssen	nicht-satzwertig

2.

(2) Und die funkelnden Smaragde fielen auf ihn herab, in tausend Flämmchen um ihn herflackernd und spielend mit schimmernden Goldfäden.

V2-Satz	AF	VF	Satzklammer LVS	MF	Satzklammer RVS	NF
S_0	und	die funkelnden Smaragde	fielen	auf ihn	herab	S_{PART-1}

VE-Satz	AF	SE	Satzklammer MF	VS	NF
$S_{PART-1-1}$	–	–	in tausend Flämmchen um ihn	herflackernd	–
$S_{PART-1-2}$	und	–	–	spielend	mit schimmernden Goldfäden

Die satzwertige komplexe (zwei koordinierte Teile) Partizipialkonstruktion im Nachfeld des Matrixsatzes muss nach § 77(7) des Amtlichen Regelwerks kommatiert werden. Zwischen den koordinierten Partizipialkonstruktionen steht kein Komma, da sie mit *und* verknüpft sind.

Kapitel 6

1.

(1)

			Satzklammer			
V2-Satz	AF	VF	LVS	MF	RVS	NF
S_0	–	Über dem Tisch, S_1, [S_{PAR}]	hing	das Bild, S_2	–	–
S_{PAR}	–	Samsa	war	Reisender	–	–

			Satzklammer		
VE-Satz	AF	SE	MF	VS	NF
S_1	–	auf dem	eine auseinandergepackte Musterkollektion von Tuchwaren ausgebreitet	war	–
S_{2-1}	–	das	er vor kurzem aus einer illustrierten Zeitschrift	ausgeschnitten ~~(hatte)~~	–
S_{2-2}	und	~~(das)~~	~~(er)~~ in einem hübschen, vergoldeten Rahmen	untergebracht hatte	–

Die Verbzweit-Parenthese *Samsa war Reisender* ist eine Aussage. Sie gibt eine Zusatzinformation an, die das vorher Gesagte (die Existenz der Musterkollektion von Tuchwaren) erläutert und begründet.

(2)

V2-Satz	AF	VF	Satzklammer LVS	MF	RVS	NF
S_{O-1}	–	Gregors Blick	richtete	sich dann zum Fenster	–	–
S_{O-2}	und	das trübe Wetter [S_{PAR}]	machte	ihn ganz melancholisch	–	–
S_{PAR}	–	man	hörte	Regentropfen auf das Fensterblech	aufschlagen	–

Die Verbzweit-Parenthese *man hörte Regentropfen auf das Fensterblech aufschlagen* ist eine Aussage. Sie erläutert die Aussage des Trägersatzes, indem *das trübe Wetter* genauer beschrieben wird, und legitimiert diese zugleich.

(3)

V2-Satz	AF	VF	Satzklammer LVS	MF	RVS	NF
S_{O-1}	Und	schon	liefen	die zwei Mädchen mit rauschenden Röcken durch das Vorzimmer [S_{PAR}]	–	–
S_{O-2}	und	(sie)	rissen	die Wohnungstüre	auf	–
S_{PAR}		wie	hatte	sich die Schwester denn so schnell	angezogen	–

Die Verbzweit-Parenthese *wie hatte sich die Schwester denn so schnell angezogen?* ist eine Ergänzungsfrage. Diese gibt die Gedanken der zwei Mädchen wieder, während der Trägersatz aus der Erzählerperspektive verfasst ist.

Literaturverzeichnis

Afflerbach, Sabine (2001). Grammatikalisierungsprozesse bei der Entwicklung der Kommasetzungsfähigkeiten. In: Feilke, Helmuth et al. (Hrsg.). Grammatikalisierung, Spracherwerb und Schriftlichkeit. Tübingen: Niemeyer, 155–165.

Averintseva-Klisch, Maria (2015). Kanonische Satzstruktur im topologischen Modell und Herausstellungen. In: Wöllstein, Angelika (Hrsg.). Das Topologische Modell für die Schule. Baltmannsweiler: Schneider-Verlag Hohengehren, 101–125.

Axel-Tober, Katrin (2013). Unselbstständiger *dass*- und *ob*-VL-Satz. In: Meibauer, Jörg et al. (Hrsg.). Satztypen des Deutschen. Berlin/Boston: De Gruyter, 247–265.

Bech, Gunnar (1955). Studien über das deutsche Verbum infinitum. Tübingen: Niemeyer.

Böttcher, Wolfgang (2009). Grammatik verstehen. Bd. 3, Komplexer Satz. Tübingen.

Brandt, Patrick et al. (2006). Sprachwissenschaft. Köln: Böhlau UTB.

Brauße, Ursula et al. (2003). Handbuch der deutschen Konnektoren. Bd. 1 (= HDK 2003). Berlin [u. a.]: De Gruyter.

Bredel, Ursula (2011). Interpunktion (= Kurze Einführungen in die germanistische Linguistik 11). Heidelberg: Winter.

Bredel, Ursula (2013). Sprachbetrachtung und Grammatikunterricht. Paderborn [u. a.]: Schöningh.

Bredel, Ursula (2015). Topologie und Orthographie. In: Wöllstein, Angelika (Hrsg.). Das Topologische Modell für die Schule. Baltmannsweiler: Schneider-Verlag Hohengehren, 205–218.

Bredel, Ursula (2016). Interpunktion: System und Erwerb. In: Olsen, Ralph et al. (Hrsg.). Ohne Punkt und Komma …: Beiträge zu Theorie, Empirie und Didaktik der Interpunktion. Berlin: RabenStück Verlag, 18–51.

Breindl, Eva (2013). Präpositionalobjektsätze. In: Meibauer, Jörg et al. (Hrsg.). Satztypen des Deutschen. Berlin/Boston: De Gruyter, 458–481.

Bußmann, Hadumod (Hrsg.) (2008). Lexikon der Sprachwissenschaft. 4., durchges. u. bibliogr. erg. Auflage. Stuttgart: Kröner.

Christ, Rüdiger (2017). Niemand braucht das Prädikat: zur Systematisierung der schulischen Satzgliedanalyse. Linguistische Berichte 250, 169–217.

D'Avis, Franz (2005). Über Parenthesen. In: D'Avis, Franz (Hrsg.). Deutsche Syntax. Empirie und Theorie. Göteborg: Acta Universitatis Gothoburgensis, 259–279.

D'Avis, Franz (2013). Exklamativsatz. In: Meibauer, Jörg et al. (Hrsg.). Satztypen des Deutschen. Berlin/Boston: De Gruyter, 171–201.

Döring, Sandra (2018). Vorschlag einer syntaktischen Analyse von Parenthesen. In: Spitzl-Dupic, Friederike (Hrsg.). Parenthetische Einschübe – Parenthèses. Tübingen: Stauffenburg Verlag, 209–226.

Drach, Erich (1937/1963). Grundgedanken der deutschen Satzlehre. 4., unveränderte Auflage. Darmstadt: Wissenschaftliche Buchgesellschaft.

Einecke, Günther (³1995). Unterrichtsideen Textanalyse und Grammatik. Vorschläge für den integrierten Grammatikunterricht 5.–10. Schuljahr. Stuttgart [u. a.]: Klett-Verl. für Wissen und Bildung.

Einecke, Günther (2013). Integrativer Deutschunterricht. In: Rothstein, Björn (Hrsg.). Kernbegriffe der Sprachdidaktik Deutsch. Ein Handbuch. Baltmannsweiler: Schneider-Verlag Hohengehren, 167–170.

Eisenberg, Peter/Feilke, Helmuth/Menzel, Wolfgang (2005). Zeichen setzen – Interpunktion. Praxis Deutsch 191, 6–15.

Engel, Ulrich (2014). Die dependenzielle Verbgrammatik. In: Hagemann, Jörg/Staffeldt, Sven (Hrsg.). Syntaxtheorien. Analysen im Vergleich. Tübingen: Stauffenburg Verlag, 43–62.

Eroms, Hans-Werner (2009). Stilistische Phänomene der Syntax. In: Fix, Ulla et al. (Hrsg.). Rhetorik und Stilistik. Ein internationales Handbuch historischer und systematischer Forschung. Bd. 2. Berlin: De Gruyter, 1594–1610.

Esslinger, Gesine (2016). Empirische Aspekte zur Rezeption und Produktion syntaktischer Interpunktionszeichen. In: Olsen, Ralph et al. (Hrsg.). Ohne Punkt und Komma …: Beiträge zu Theorie, Empirie und Didaktik der Interpunktion. Berlin: RabenStück Verlag, 215–235.

Esslinger, Gesine/Noack, Christina (2020). Das Komma und seine Didaktik. Baltmannsweiler: Schneider-Verlag Hohengehren.

Froemel, Steffen (2020). Topologie als Brücke zwischen Linguistik und Schulgrammatik: Das Propädeutische Satztopologiemodell. Baltmannsweiler: Schneider-Verlag Hohengehren.

Fuß, Eric/Geipel, Maria (2018). Das Wort (= LinguS 1). Tübingen: Narr Francke Attempto.

Gallmann, Peter (2015). Das topologische Modell: Basisartikel. In: Wöllstein, Angelika (Hrsg.). Das Topologische Modell für die Schule. Baltmannsweiler: Schneider-Verlag Hohengehren, 1–36.

Geilfuß-Wolfgang, Jochen/Ponitka, Sandra (2020). Der einfache Satz (= LinguS 5). Tübingen: Narr Francke Attempto.

Geist, Ljudmila (2013). Prädikativsätze. In: Meibauer, Jörg et al. (Hrsg.). Satztypen des Deutschen. Berlin/Boston: De Gruyter, 482–500.

Gorschlüter, Sabine (2001). Wir bitten die Zuschauer nicht zu fotografieren. Praxis Deutsch 170, 44–46.

Grammis, Wissenschaftliches Informationssystem zur deutschen Grammatik; grammis.ids-mannheim.de (Einträge „Konnektoren als funktionale Klasse"; „Konjunktionen").

Granzow-Emden, Matthias (2019). Deutsche Grammatik verstehen und unterrichten. 3. Aufl. Tübingen: Narr Francke Attempto.

Granzow-Emden, Matthias (2020). Sind Haupt- und Nebensatz noch zu retten? Ein Plädoyer für eine widerspruchsfreie Satzlehre. Der Deutschunterricht 72 (2), 14–24.

Grewendorf, Günther/Hamm, Fritz/Sternefeld, Wolfgang (2003). Sprachliches Wissen. Eine Einführung in moderne Theorien der grammatischen Beschreibung. 2. Aufl. Frankfurt am Main: Suhrkamp.

Höhle, Tilman N. (2018/1982). Beiträge zur deutschen Grammatik: gesammelte Schriften von Tilman N. Höhle. Hrsg. von Stefan Müller et al. Berlin: Language Science Press.

Holler, Anke (2013a). *d*- und *w*-Relativsätze. In: Meibauer, Jörg et al. (Hrsg.). Satztypen des Deutschen. Berlin/Boston: De Gruyter, 266–300.

Holler, Anke (2013b). Attributsätze. In: Meibauer, Jörg et al. (Hrsg.). Satztypen des Deutschen. Berlin/Boston: De Gruyter, 526–535.

Klein, Wolfgang/von Stutterheim, Christiane (2008). Mündliche Textproduktion: Informationsorganisation in Texten. In: Janich, Nina (Hrsg.). Textlinguistik. 15 Einführungen. Tübingen: Narr, 217–235.

KMK (1982). Verzeichnis grundlegender grammatischer Fachausdrücke. Nicht mehr online zugänglich.

KMK (2003). Bildungsstandards für den mittleren Schulabschluss. https://www.kmk.org/fileadmin/Dateien/veroeffentlichungen_beschluesse/2003/2003_12_04-BS-Deutsch-MS.pdf (zuletzt abgerufen: 02.09.21).

Köller, Wilhelm (1997). Funktionaler Grammatikunterricht. Tempus, Genus, Modus: wozu wurde das erfunden? Baltmannsweiler: Schneider-Verlag Hohengehren.

Lindauer, Thomas (2011). Das Komma zwischen Verbgruppen setzen. In: Bredel, Ursula/Reißig, Thilo (Hrsg.). Weiterführender Orthographieerwerb. Deutschunterricht in Theorie und Praxis (DTP). Handbuch zur Didaktik der deutschen Sprache und Literatur in elf Bänden. Bd. 5. Baltmannsweiler: Schneider-Verlag Hohengehren, 601–612.

Lindauer, Thomas/Sutter, Elisabeth (2005). König, Königreiche und Kommaregeln. Eine praxistaugliche Vereinfachung des Zugangs zur Kommasetzung. Praxis Deutsch 32 (191), 28–35.

Meibauer, Jörg/Steinbach, Markus/Altmann, Hans (Hrsg.) (2013). Satztypen des Deutschen. Berlin/Boston: De Gruyter.

Menzel, Wolfgang (1998a). Kurze Sätze? Lange Sätze. Anregungen zu einer Analyse von Texten Thomas Bernhards und Friedrich Dürrenmatts. Praxis Deutsch 147, 59–64.

Menzel, Wolfgang (1998b). Sätze verbinden. Praxis Deutsch 151, 32–36.

Menzel, Wolfgang (2012): Grammatik-Werkstatt. Theorie und Praxis eines prozessorientierten Grammatikunterrichts für die Primar- und Sekundarstufe. 5. Aufl. Seelze: Klett/Kallmeyer (Praxis Deutsch)

Metzger, Stefan (2017). Grammatik unterrichten mit dem Feldermodell. Didaktische Grundlagen und Aufgaben für die Orientierungsstufe. Seelze: Klett/Kallmeyer.

Ministerium für Kultus, Jugend und Sport Baden-Württemberg (2016). Bildungsplan Deutsch Gymnasium. https://www.bildungsplaene-bw.de/,Lde/LS/BP2016BW/ALLG/GYM/D (zuletzt abgerufen: 02.09.21).

Musan, Renate (2017). Informationsstruktur. 2. Aufl. Heidelberg: Winter.

Musan, Renate (2013). Satzgliedanalyse. 3. Aufl. Heidelberg: Winter.

Mutter, Claudia/Schurf, Bernd (Hrsg.) (2016): Deutschbuch 1. Sprach- und Lesebuch. Gymnasium Baden-Württemberg. Berlin: Cornelsen.

Oppenrieder, Wilhelm (2013). Subjektsätze. In: Meibauer, Jörg et al. (Hrsg.). Satztypen des Deutschen. Berlin/Boston: De Gruyter, 372–399.

Ossner, Jakob (2008). Sprachdidaktik Deutsch. Paderborn [u. a.]: Schöningh.

Pafel, Jürgen (2009). Zur linearen Syntax des deutschen Satzes. Linguistische Berichte 217, 37–80.

Pafel, Jürgen (2011). Einführung in die Syntax. Grundlagen – Strukturen – Theorien. Stuttgart/Weimar: Metzler.

Paranhos Zitterbart, Jussara (2013). Satztyp und Korrelat/Platzhalter/Bezugsausdruck. In: Meibauer, Jörg et al. (Hrsg.). Satztypen des Deutschen. Berlin/Boston: De Gruyter, 602–626.

Pasch, Renate (2000). Vorschlag für eine Neuordnung der „subordinierenden" Konjunktionen des Deutschen. In: Lefèvre, Michel (Hrsg.). Subordination in Syntax, Semantik und Textlinguistik. Tübingen: Stauffenburg, 23–33.

Peyer, Ann (2011). Sätze untersuchen. Lernorientierte Sprachreflexion und grammatisches Wissen. Seelze: Kallmeyer.

Pießnack, Christian/Schübel, Adelbert (2005). Untersuchungen zur orthographischen Kompetenz von Abiturientinnen und Abiturienten im Land Brandenburg. LLF-Berichte 20, 50–72.

Pittner, Karin (1995). Zur Syntax von Parenthesen. Linguistische Berichte 156, 85–108.

Pittner, Karin (2013a). Akkusativobjektsätze. In: Meibauer, Jörg et al. (Hrsg.). Satztypen des Deutschen. Berlin/Boston: De Gruyter, 441–457.

Pittner, Karin (2013b). Adverbialsätze. In: Meibauer, Jörg et al. (Hrsg.). Satztypen des Deutschen. Berlin/Boston: De Gruyter, 501–525.

Pittner, Karin/Berman, Judith (2021). Deutsche Syntax. Ein Arbeitsbuch. 7., überarb. Aufl. Tübingen: Narr Francke Attempto.

Primus, Beatrice (2008). Diese – etwas vernachlässigte – pränominale Herausstellung. Deutsche Sprache 1, 3–26.

Rapp, Irene/Wöllstein, Angelika (2013). Satzwertige zu-Infinitivkonstruktionen. In: Meibauer, Jörg et al. (Hrsg.). Satztypen des Deutschen. Berlin/Boston: De Gruyter, 338–355.

Rat für Deutsche Rechtschreibung (Hrsg.) (2018). Deutsche Rechtschreibung: Regeln und Wörterverzeichnis. Aktualisierte Fassung des amtlichen Regelwerks entsprechend den Empfehlungen des Rats für deutsche Rechtschreibung 2016. Mannheim: IDS.

Reich, Ingo/Reis, Marga (2013). Koordination und Subordination. In: Meibauer, Jörg et al. (Hrsg.). Satztypen des Deutschen. Berlin/Boston: De Gruyter, 536–569.

Reis, Marga (2013). „Weil-V2-Sätze" und (k)ein Ende? Anmerkungen zur Analyse von Antomo & Steinbach (2010). Zeitschrift für Sprachwissenschaft 32:2, 221–262.

Schlobinski, Peter (2003). Grammatikmodelle: Positionen und Perspektiven. Wiesbaden: Westdeutscher Verlag.

Searle, John R. (1976). A classification of illocutionary acts. Language in Society 5, 1–23.

Stammel, Hans (2005). Deutsch. Zur Didaktik und Methodik des Grammatikunterrichts. Vorschläge für eine Verbesserung der Unterrichtssituation. Stuttgart: Landesinstitut für Schulentwicklung.

Storrer, Angelika (2007). Grenzgänger: Problemfelder aus didaktischer Sicht. In: Hoffmann, Ludger (Hrsg.). Handbuch der deutschen Wortarten. Berlin/Boston: De Gruyter, 905–924.

Tesnière, Lucien (1959). Eléments de syntaxe structurale. Paris: Klincksieck.

Thümmel, Wolf (1993). Westliche Entwicklungen. In: Jacobs, Joachim et al. (Hrsg.). Syntax: Ein internationales Handbuch zeitgenössischer Forschung. Berlin/New York: De Gruyter, 139–199.

Tophinke, Doris (2006). Komma oder kein Komma? Zur Interpunktion in komplexen Sätzen. Praxis Deutsch 198, 60–67.

Verzeichnis grundlegender grammatischer Fachausdrücke. https://www.kmk.org/fileadmin/ Dateien/pdf/Bildung/AllgBildung/Verzeichnis_grammatischer_Fachausdruecke_180220.pdf (zuletzt abgerufen: 02.09.21). (= VGGF).

Wegener, Heide (2013a). Dativobjektsätze. In: Meibauer, Jörg et al. (Hrsg.). Satztypen des Deutschen. Berlin/Boston: De Gruyter, 419–440.

Wegener, Heide (2013a). Genitivobjektsätze. In: Meibauer, Jörg et al. (Hrsg.). Satztypen des Deutschen. Berlin/Boston: De Gruyter, 400–418.

Wöllstein, Angelika (2014). Topologisches Satzmodell. 2. Aufl. Heidelberg: Winter.

Wöllstein, Angelika (Hrsg.) (2015). Das topologische Modell für die Schule. Baltmannsweiler: Schneider-Verl. Hohengehren.

Wöllstein, Angelika et al. (Hrsg.) (2016). Die Grammatik. Duden 4. Berlin: Dudenverlag.

Zifonun, Gisela/Hoffmann, Ludger/Strecker, Bruno (1997). Grammatik der deutschen Sprache. Bd. 3. Berlin: De Gruyter.